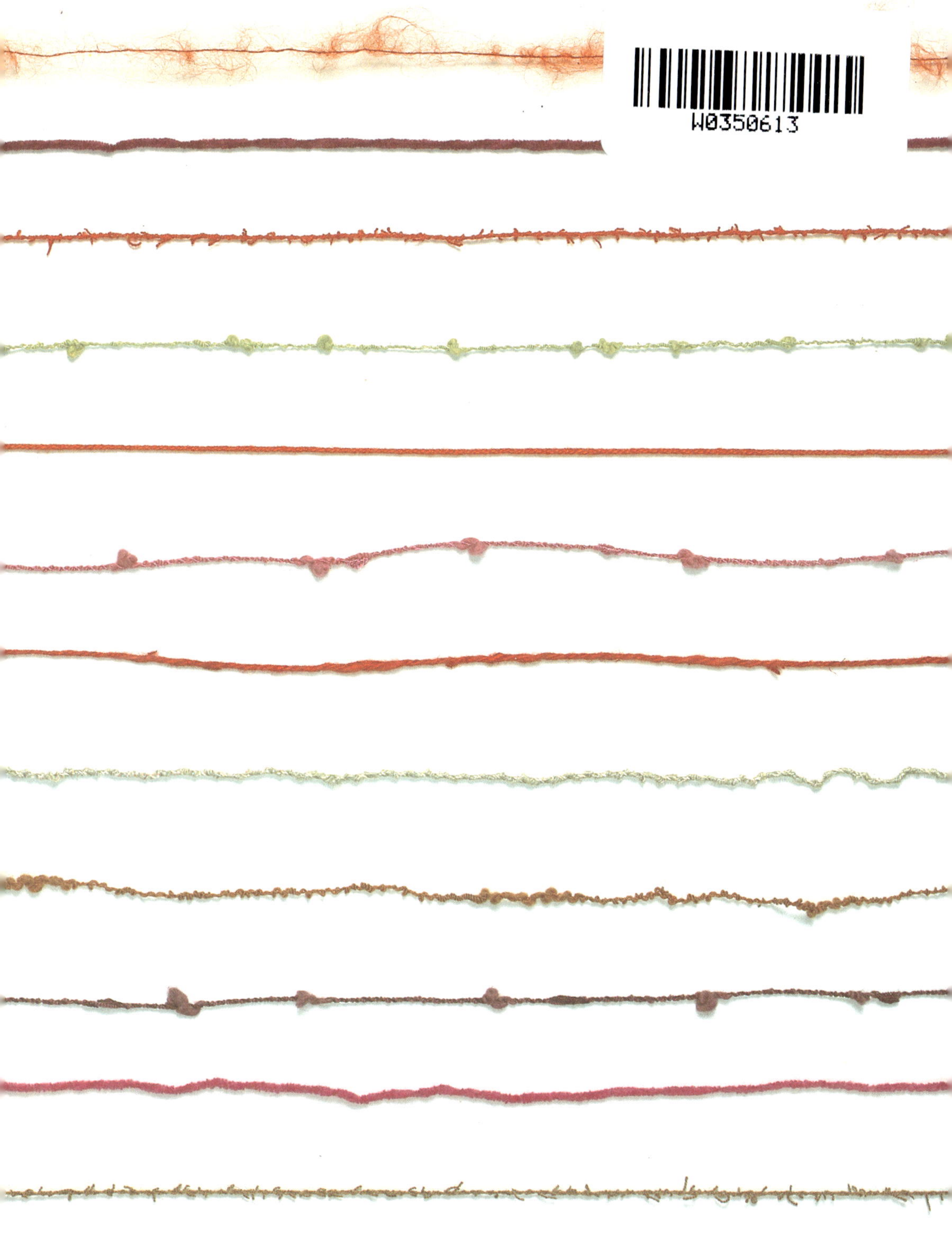

Brigitte-Stricken: Grundkurs

BAND 1 DER BRIGITTE-HANDARBEITEN-BIBLIOTHEK

Brigitte Stricken

Ein Grundkurs mit den schönsten schnellen Modellen

Von Ariane Heyduck und
Kathrin Behrens

Ein Brigitte-Buch
im Mosaik Verlag

Die Autorinnen:

Kathrin Behrens wurde 1954 geboren. Sie studierte Mode-Design in Hamburg und arbeitet seit fünf Jahren als Redakteurin bei der Brigitte. Ihr Fachgebiet: Entwurf und Erarbeitung von Handarbeitsthemen.

Ariane Heyduck wurde 1941 geboren. Sie studierte Mode an der Werkkunstschule in Hamburg und machte ihren Meister im Schneiderhandwerk. Seit vielen Jahren ist sie als Brigitte-Redakteurin Spezialistin für alle Handarbeitstechniken. Nach eigener Schätzung hat sie selbst bisher an die 250 Pullover gestrickt.

HERAUSGEBER: PETER BRASCH LEKTORAT/REDAKTION: GISELA SCHAUMANN-DUNKHASE
GESTALTUNG: DIETMAR MEYER, EKKHART BLUNCK FOTOS: ILSE THOMA,
WOLFGANG SCHILDT, ORTWIN MÖLLER (SACHFOTOS) SATZ: ALSTER-LICHTSATZ, HAMBURG
LITHOGRAFIE: BÜTEHORN GMBH, HANNOVER PRODUKTION: DRUCKZENTRALE G+J
DRUCK: MOHNDRUCK, GRAPHISCHE BETRIEBE GMBH, GÜTERSLOH
 4. AUFLAGE 1983 · ISBN 3-570-06997-4

PENA

ALLER ANFANG muß nicht schwer sein! Wie einfach es ist, die Kunst der rechten und linken Maschen zu lernen, zeigen wir in einer ausführlichen Strickschule. Dazu viele verschiedene Muster, die auch Anfängern wenig Mühe machen. Anschließend können Sie das Gelernte gleich anwenden: Ob Sie einen einfachen Schal oder Topflappen stricken oder sich an einen Pulli wagen – wir zeigen viele Modelle mit einfachen Schnitten und ausführlichen Anleitungen. Es ist für die ganze Familie etwas dabei!

Materialkunde

Leinengarn
Lurexgarn
Mohairwolle
Naturwolle
Seidengarn
Shetlandwolle
Sportwolle
Tweedwolle

Alpakawolle

Alpakawolle gewinnt man aus den Haaren des Alpakaschafes, eines lamaähnlichen Huftieres. Die besonders weiche Wolle gibt es in verschiedenen Stärken, in sanften Naturtönen von Beige über Grau bis Dunkelbraun und in zarten Pastell- und kräftigen Modefarben. Letztere werden meistens als Knäuel verkauft, während naturfarbene Alpakawolle häufig als Strang angeboten wird. (Dann muß man das Garn erst in bewährter Weise über einer Stuhllehne oder mit einem Partner zum strickfähigen Knäuel wickeln.)

Alpakawolle eignet sich gut für Norwegermuster und Flächenaufteilungen, aber auch für plastische Muster. Aus Alpakawolle kann man jedes Kleidungsstück stricken! Die Wolle läßt sich durch den weichen, glatten Faden besonders leicht verarbeiten und ist das ideale Garn für Anfänger!

Angorawolle

Angorawolle wird aus den Haaren des Angorakaninchens gewonnen. Da diese Tiere selten gezüchtet werden, ist die superweiche, langhaarige Wolle kostbar und teuer. Angorawolle ist zwar einfach zu verarbeiten, haart jedoch beim Stricken! Die flauschige Wolle wärmt sehr und ist deshalb für Mützen und Schals gut geeignet. Aufwendiger (und teurer), aber natürlich wunderschön, ist ein ganzer Pullover aus Angorawolle. Glatt rechts und locker verstrickt, kommt das Material am besten zur Geltung.

Angorawolle kann man in kleinen Mengen als Effektfaden zwischen glatter Wolle einsetzen, zum Beispiel als Noppen oder Ringel in einer Rundpasse.

Baumwolle

Baumwolle wird aus den feinen Samenfasern des Baumwollstrauches gewonnen. Die einfachste und billigste Qualität ist ***Topflappen-Baumwolle,*** *die man nicht nur für Topflappen, sondern auch für Sommerpullover verwenden kann. Heute gibt es dieses Garn in so vielen Farben, daß man sogar kunterbunte Norwegermuster damit stricken kann! Einfarbig verstrickt, sehen alle* *plastischen Muster, auch Lochmuster, sehr dekorativ aus. Topflappen-Baumwolle läßt sich leicht verarbeiten und in der Waschmaschine waschen.*

Baumwolle gibt es auch als hochwertigeres (und teureres) Cablé-, Bouclé- oder Noppengarn, das sich mit besseren Trageeigenschaften bezahlt macht. Diese Baumwollgarne mit unregelmäßiger Struktur kann man in vielen modischen Farben bekommen. Stricksachen aus Baumwolle sind vor allem im Sommer angenehm luftig und kühl.

Bouclégarn

Bouclégarn besteht aus einem glatten Faden, um den ein Schlingenfaden gedreht wird. Das Strukturgarn gibt es aus verschiedenen Rohfasern: Wolle, Baumwolle oder Kunstfasern, einfarbig oder auch mit farbigen Noppen. Das Material ist durch die Schlingen nicht einfach zu verarbeiten, dafür fallen kleine Unregelmäßigkeiten beim Stricken nicht auf. Das Maschenbild zeigt eine effektvolle, grobe Struktur, so daß man keine aufwendigen Muster stricken muß. Man kann dieses Garn auch streifenweise mit glatter Wolle kombinieren oder mit Mohairwolle, Lurexgarn und Angorawolle zu einem interessanten Pulli im Materialmix verarbeiten. Bouclégarn wird gern für Pullover und Jacken, aber auch für Kleider und Röcke genommen .

Cablégarn

Als Cablégarn bezeichnet man einen stark gedrehten Faden aus mehreren Zwirnen. Das strapazierfähige Material gibt es hauptsächlich aus Wolle oder Baumwolle. Da es sehr glatt ist, läßt es sich leicht verarbeiten. Plastische Muster und Lochmuster kommen damit besonders gut heraus. Stricksachen aus Cablégarn behalten auch nach der Wäsche ihre Form. Dieses Material bekommen Sie in einer großen Farbpalette. Es eignet sich neben Pullis und Jacken auch für Socken, Mützen und Handschuhe.

Chenille

Chenille ist ein samtiges Garn, das aus Wolle, Baumwolle oder Kunstfasern hergestellt wird. Ein Strickstück aus kurzhaarigem Chenillegarn bekommt eine samtige Oberfläche. Langhaariges Chenillegarn wirkt plüschartig, fast wie ein Pelz.

Chenillegarn ist kompliziert zu verarbeiten und nicht sehr strapazierfähig. Am besten strickt man es glatt rechts. Für die Hin- und Rückreihen jeweils ein anderes Knäuel nehmen, da sich sonst das Strickstück leicht in eine Richtung verzieht. Anfänger sollten erst etwas üben, bevor sie sich an das reizvolle Material wagen. Es ist nicht billig!

Dochtwolle

Dochtwolle nennt man eine kaum gedrehte, wattig-weiche reine Wolle. Durch das voluminöse Maschenbild kommen plastische Muster gut zur Geltung. Dochtwolle läßt sich leicht und schnell mit dicken Nadeln verarbeiten. Man muß nur darauf achten, daß der empfindliche Faden beim Stricken nicht von der Nadel zerteilt wird. Dochtwolle ist preiswert. Man kann damit dicke, warme Pullover und Jacken für die ganze Familie stricken.

Kunstseidengarn

Kunstseide ist eine Chemiefaser auf Zellulosebasis. Das glatte, glänzende Material ist nicht einfach zu stricken, da es leicht rutscht, außerdem ist es nicht billig. Kunstseide hat eine festliche, edle Wirkung, die sich bereits bei kleinen Stücken entfaltet – einem Halstuch oder einem Schal zum Beispiel. Für einen ganzen Pullover aus Kunstseidengarn braucht man schon etwas Geduld. Effektvoll wirkt Kunstseidengarn auch als Mitlauffaden bei anderen, glatten oder flauschigen Garnen. Außerdem macht es sich gut als Strickkissen für die Wohnung.

Leinengarn

Leinen ist eine pflanzliche Faser, die in unregelmäßig versponnenen Fäden angeboten wird. Leinengarn ist durch den unterschiedlich dicken Faden nicht leicht zu verarbeiten. Dafür wirkt es, glatt rechts verstrickt, schon so interessant, daß man auf komplizierte Muster verzichten kann. Leinengarn sieht am schönsten aus, wenn man es locker und luftig zu lässigen Pullovern, Hemden und Tüchern verarbeitet. Das nicht ganz billige Sommergarn gibt es in vielen Natur- und Pastellfarben.

Lurexgarn

Lurexgarn besteht aus einem Synthetikfaden, der mit einem Metallfaden umsponnen ist. Das glitzernde Material eignet sich für Tücher und abendliche Pullover. Man kann es auch als Glanzeffekt in Streifen oder Noppen zwischen ein glattes Material stricken oder es zusammen mit einem anderen Faden verarbeiten.

Lurexgarn rutscht beim Stricken schlecht über den Finger. Die Mühe zahlt sich aber durch das glänzende Ergebnis und die lange Haltbarkeit des Strickstückes aus. Neben gold-, silber- und kupferfarbenem Lurexgarn gibt es das Material auch in modischen Tönen und sogar melierten Farben.

Mohairwolle

Das langhaarige, flauschige Garn wird aus den Haaren der Mohair- oder Angoraziege gewonnen (nicht mit der Angorawolle von Angorakaninchen zu verwechseln). Mohairwolle sollte *man locker mit dicken Nadeln verarbeiten, damit das Strickstück schön flauschig wird. Wenn nach längerem Tragen die Haare flach gedrückt sind, werden sie mit einer kräftigen Bürste wieder aufgerauht.*

Mohairwolle ist zwar teuer, dafür kommt man durch die luftige Strickart aber auch mit wenig Material aus. Mohairwolle gibt es in vielen Farben. Sie wird oft in Streifen oder Flächenaufteilungen verarbeitet und nur selten zu plastischen Mustern verstrickt.

Naturwolle

Naturwolle ist immer reine Wolle. Das natürlich wirkende Material aus leicht gedrehten Fäden gibt es in verschiedenen Naturtönen (wie Grau, Beige, Braun). Naturwolle wird als Strang (häufig auf Märkten zu sehen), aber auch als Knäuel angeboten. Die naturbelassene, wenig bearbeitete Wolle ist sehr preiswert und läßt sich leicht verarbeiten. Die typische Naturwolle kennt man von handgestrickten Pullovern mit plastischen irischen Mustern. Sie eignet sich für alle rustikalen und sportlichen Stricksachen.

Seidengarn

Reine Seide wird aus den Kokons der Seidenraupe gewonnen. Das feingesponnene Garn ist ein sehr teures und anspruchsvolles Material, das sich durch einen leichten Glanz auszeichnet und angenehm auf der Haut zu tragen ist. Seidengarn verarbeitet man am besten zu plastischen Mustern, da das Garn allein keine Struktur hat, leicht ausleiert und die Form verliert. Es empfiehlt sich deshalb, das Modell eher etwas zu klein als zu groß zu stricken. Seidengarn gibt es in vielen aparten Farben, die das Besondere des Materials unterstreichen.

Shetlandwolle

Die Schafe der Shetlandinseln liefern die leicht rauh aussehende Shetlandwolle. Das rustikale Material ist nur wenig gedreht und meistens in melangierten Farben (mehrere, verschiedenfarbige Fasern zu einem Faden gedreht) erhältlich.

Die Wolle ist von mittlerer Stärke und läßt sich problemlos verarbeiten. Besonders gut eignet sie sich für Stricksachen mit dekorativen Norwegermustern oder für klassische Pullover und Pullunder mit Rhombenmustern.

Sportwolle

Sportwolle besteht aus reiner Wolle. Der einzelne Faden ist stark gedreht und waschmaschinenfest ausgerüstet. Das Material läßt sich leicht verarbeiten (auch auf der Strickmaschine) und ergibt ein klares Maschenbild. Sportwolle kann man deshalb gut zum Stricken von plastischen Mustern verwenden.

Neben den klassischen Farben Marineblau, Rot, Weiß, Grau und Braun gibt es eine große Palette modischer Töne. Sportwolle ist ein preiswertes Material für Kinder- und Sportpullover.

Tweedwolle

Tweedwolle hat einen unregelmäßigen, noppigen Effekt, der durch eingezwirnte, manchmal andersfarbige Knötchen entsteht. Oft ist dem Material etwas Mohairwolle beifügt. Dadurch bekommt das Maschenbild ein flauschiges Aussehen. Tweedwolle braucht keine aufwendigen Muster, da es durch seinen körnigen, mehrfarbigen Charakter genügend Struktur mitbringt.

Dieses Material ist nicht ganz einfach zu verarbeiten, dafür fallen Unregelmäßigkeiten beim Stricken nicht auf. Die Wolle eignet sich gut für rustikale Pullover, Jacken und Mäntel und wird auch gern für Männerpullover genommen. Die Farbpalette weist alle Naturtöne von Rost über Beige und Grau bis zu Oliv und Violett auf. Besondere Effekte kann man erzielen, wenn man neben Tweedwolle ein anderes Material als Streifen oder Fläche mitverarbeitet.

Arbeitsmaterial
Rundstricknadel
Nadelspiel
Holzstricknadeln

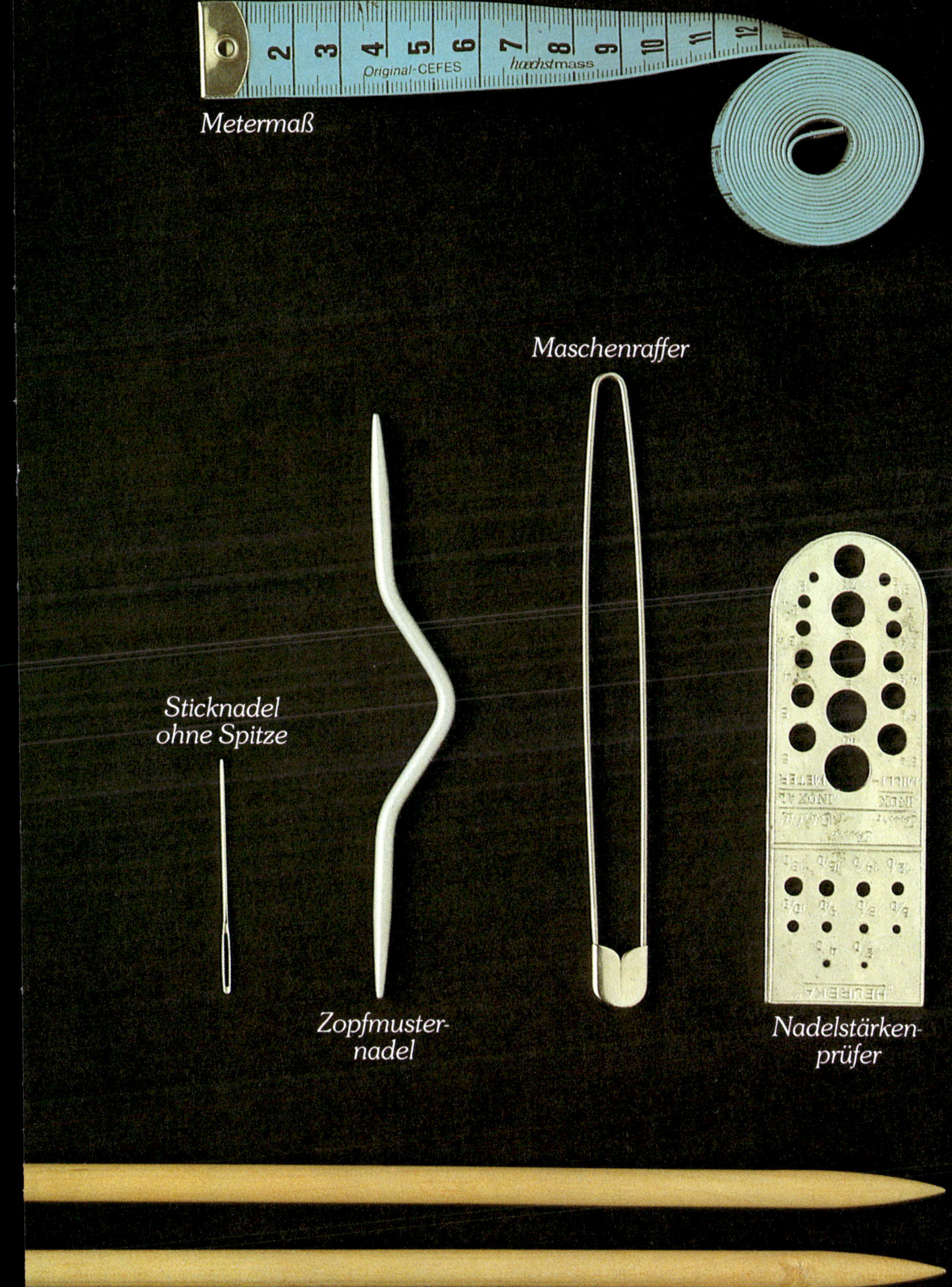
Metermaß
Original-CEFES
hoechstmass
Maschenraffer
Sticknadel
ohne Spitze
Zopfmuster-
nadel
Nadelstärken-
prüfer

Stricknadeln gibt es in Stärken von 1,5 bis 20 Millimeter Durchmesser. Meistens sind sie aus Aluminium. Es gibt aber auch Nadeln aus Plastik, Holz und Bambus.

*Bei **Rundstricknadeln** sind nur die Spitzen aus Aluminium. Sie sind verbunden mit einem durchsichtigen, flexiblen Mittelstück aus Plastikmaterial. Diese Nadeln gibt es in verschiedenen Längen, die gebräuchlichste ist 80 cm. **Mit Rundstricknadeln kann man nicht nur in Runden arbeiten, sondern auch gerade Teile in Hin- und Rückreihen stricken.***

*Ein **Nadelspiel** besteht aus fünf kurzen Nadeln, die man zum Stricken von Handschuhen, Mützen und Socken braucht.*

*Eine **Sticknadel ohne Spitze** ist wichtig, um Strickstücke zusammenzunähen und Stickereien im Maschenstich auszuführen.*

*Die **Zopfmusternadel** ist eine Hilfsnadel beim Stricken von Zopfmustern. Sie ist gebogen, damit die stillgelegten Maschen beim Zopfen nicht von der Nadel gleiten.*

*Mit dem **Maschenraffer** kann man mehrere Maschen stillegen. Zum Beispiel bei Taschen und Ausschnittblenden.*

*Mit dem **Nadelstärkenprüfer** kontrolliert man die Nadelstärke, wenn die Nadeln nicht gekennzeichnet sind.*

*Ein **Metermaß** braucht man, um während der Arbeit die Größe des Strickstückes mit den Maßen des Schnittes zu vergleichen.*

*Nützlich ist außerdem eine **Häkelnadel,** mit der man gefallene Maschen aufheben, Fransen einknüpfen und Träger häkeln kann.*

Die Strickliesl

Die erste Strickerfahrung macht wohl jeder mit einer Strickliesl. Es ist eine Holzrolle, meist in Form einer Figur, auf deren oberem Rand vier Drahtschlaufen sitzen. Mit etwas Geduld kann man lange Strickschnüre herstellen, die man zu Topflappen oder kleinen Taschen zusammennäht. Die Strickschnüre lassen sich aber auch mit anderen gestrickten Teilen kombinieren, z. B. als Träger an einem Sonnenoberteil. Als Material eignet sich am besten glatte Wolle. Und so wird's gemacht:

Zuerst das Fadenende von oben nach unten durch die Strickliesl ziehen. Dann legt man den Arbeitsfaden von links nach rechts um eine Drahtschlaufe und ebenso um die nächste, bis alle vier Schlaufen umwickelt sind. (1)

Jetzt den Faden oberhalb der Maschenreihe lose außen um die Drahtschlaufen führen und die untere Masche mit der Stricknadel über den Faden und die Drahtschlaufen heben. (2)

Die Schnur wird während des Arbeitens nach und nach am Fadenende aus der unteren Öffnung gezogen. Ist die gewünschte Schnurlänge erreicht, die Maschen von den Drahtschlaufen abheben. Den Faden in eine Stopfnadel fädeln und nacheinander durch alle Maschen ziehen und vernähen.

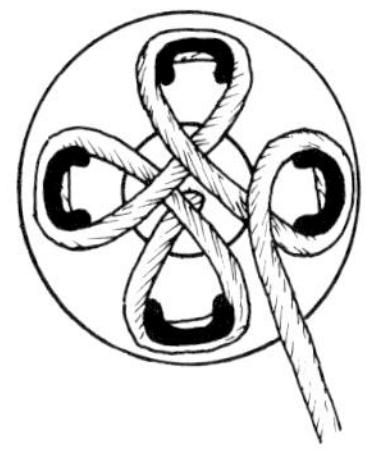

1

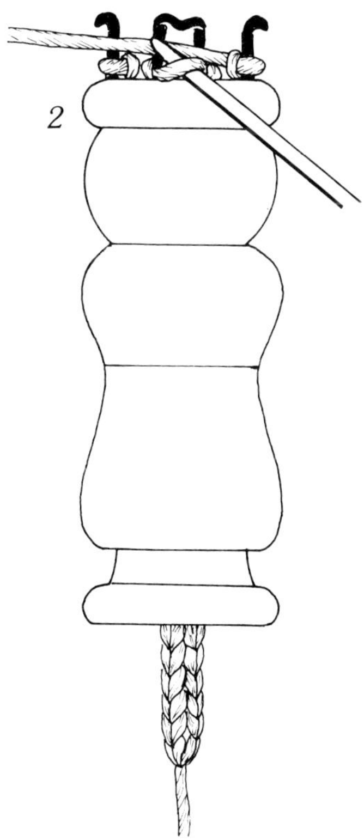

2

Strickschule

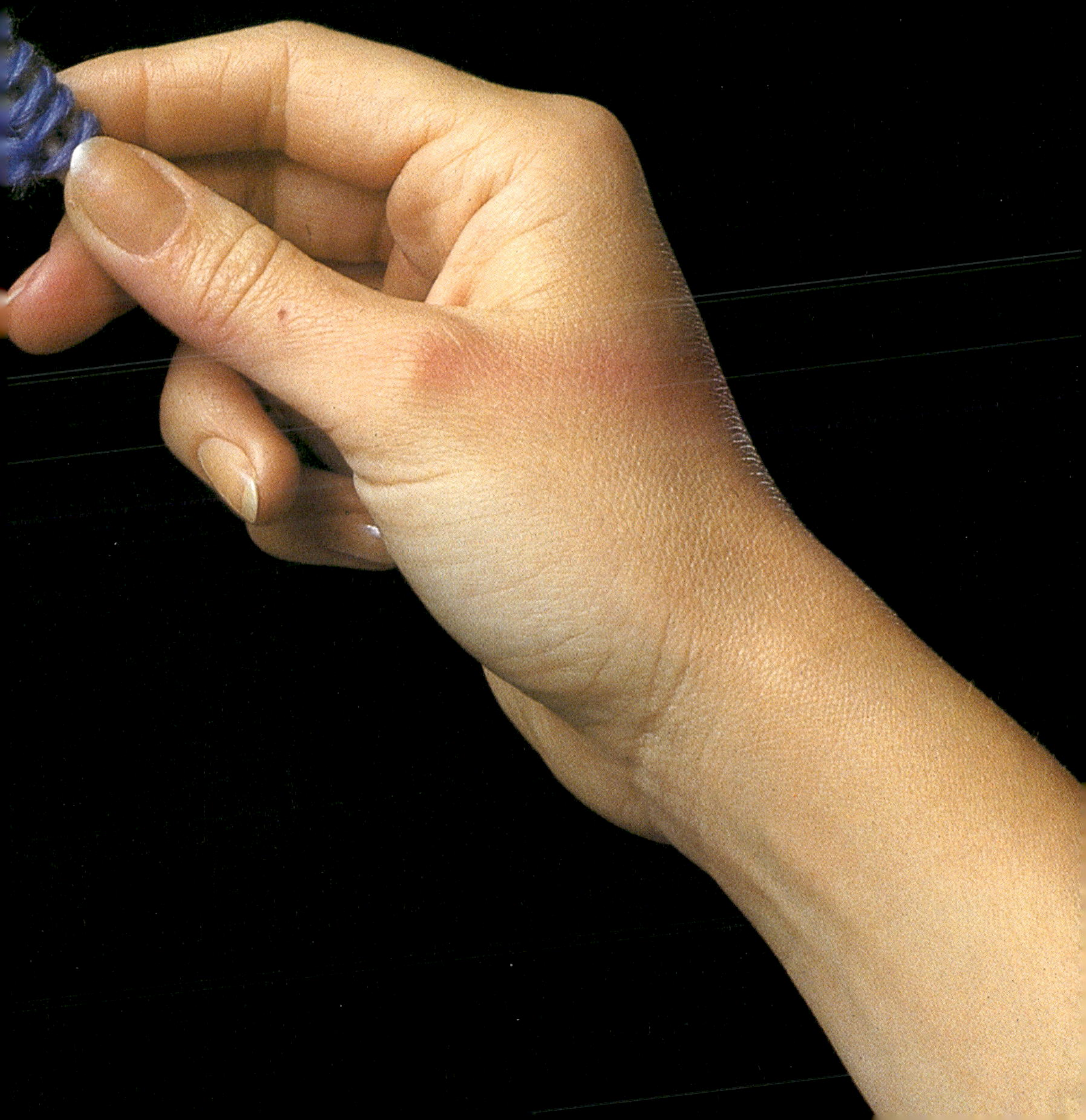

Anschlagen von Maschen

Das Stricken beginnt mit dem Anschlagen von Maschen. Man nimmt dafür 2 Stricknadeln in eine Hand, damit die Anschlagreihe elastisch wird. Vom Knäuel wird ein Fadenende abgewickelt, das mindestens dreimal so lang sein muß wie die vorgesehene Anschlagbreite. Zum Üben sollten Sie eine glatte Sportwolle nehmen, weil man damit leichter stricken kann.

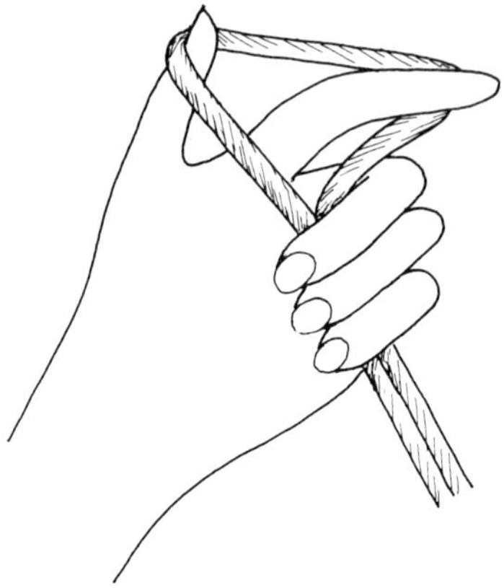

1 Spannen Sie eine Schlinge um Daumen und Zeigefinger der linken Hand. Der über dem Zeigefinger liegende Faden kommt vom Knäuel, der um den Daumen geführte ist das lange Fadenende.

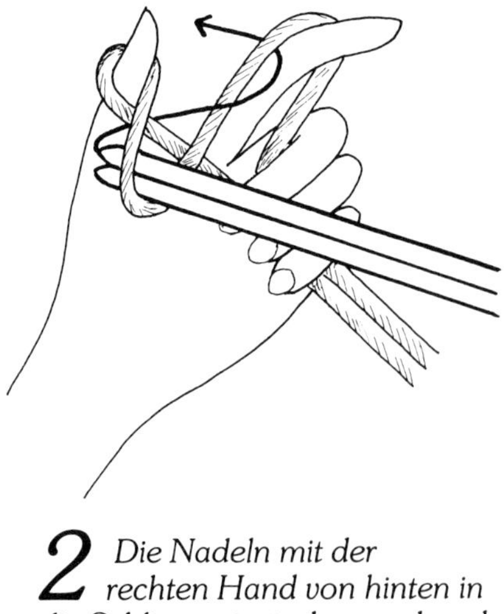

2 Die Nadeln mit der rechten Hand von hinten in die Schlinge einstechen und nach unten ziehen.

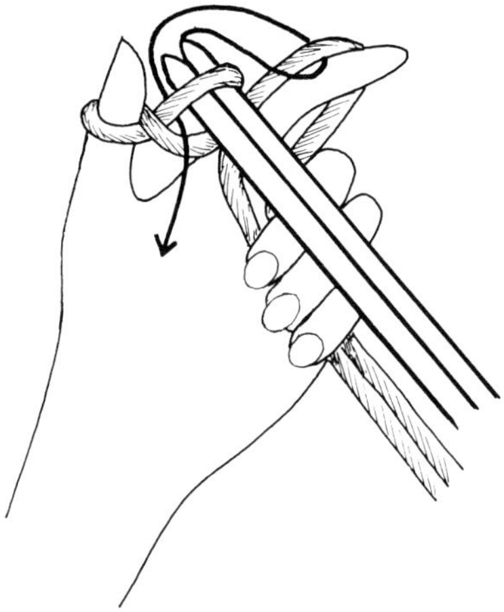

3 Den Faden des Zeigefingers durch die neu entstandene Schlinge führen und das Fadenende anziehen. Die erste Anschlagmasche liegt auf den Nadeln.

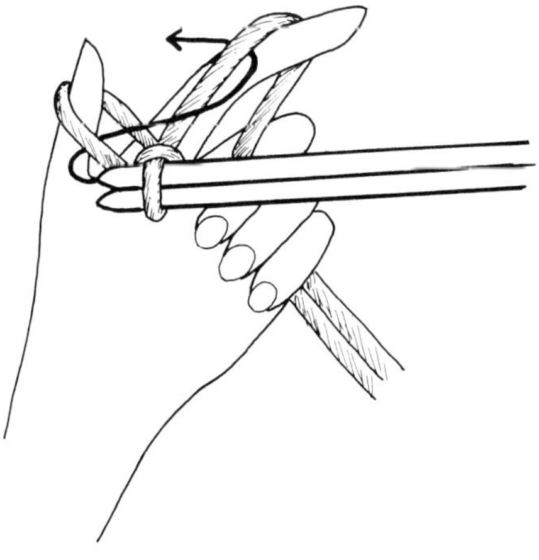

4 Jetzt das Fadenende um den Daumen und den Faden des Knäuels um den Zeigefinger legen.
Die Nadeln von vorne durch die auf dem Daumen liegende Schlinge führen.

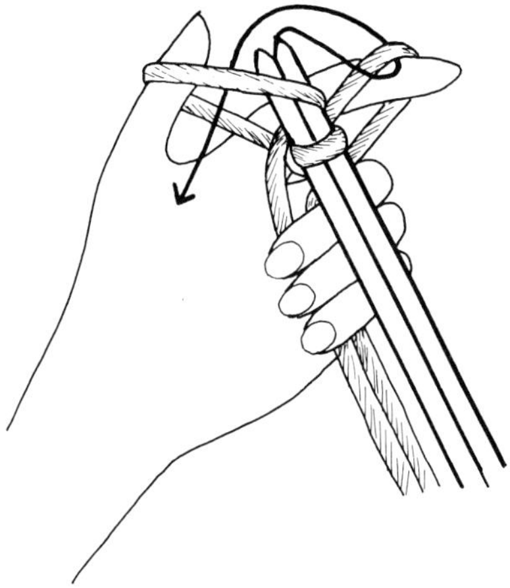

5 Der Faden des Zeigefingers wird durch die Daumenschlinge gezogen. Danach den Daumen aus der Schlinge nehmen und gleichzeitig das Fadenende strammziehen.

Vorgang 4 und 5 werden so oft wiederholt, bis die gewünschte Maschenzahl erreicht ist. Dann **eine** Stricknadel aus den Anschlagmaschen ziehen. Die Maschen bleiben locker auf der anderen Nadel liegen.

Kraus rechts

Das ist die einfachste Strickart, bei der nur mit rechten Maschen gearbeitet wird . Rechte Maschen sehen in der Hinreihe (von vorne) glatt und in der Rückreihe (von hinten) kraus aus. Dadurch bekommt das Maschenbild von beiden Seiten eine plastische Querstreifenwirkung.
Kraus-rechts-Gestricktes rollt sich nicht und ist deshalb für Blenden, Schals und Modelle ohne besonderen Kantenabschluß gut geeignet. Wenn der Farbwechsel bei Streifen auf der rechten Seite vorgenommen wird, entsteht ein glatter Übergang (oben). Wird der Farbwechsel auf der linken Seite vorgenommen, gibt es einen ineinander greifenden Übergang (unten).

Rechte Maschen

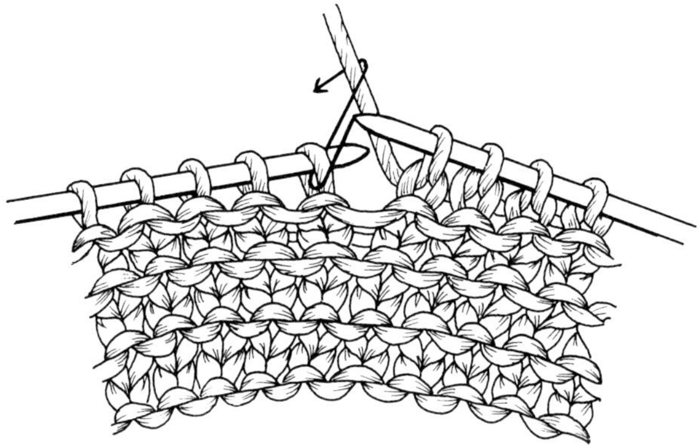

1. Der Faden liegt hinter der Arbeit. Die rechte Nadel sticht von vorne in die nächste Masche der linken Nadel ein, wie es die Pfeilrichtung zeigt.

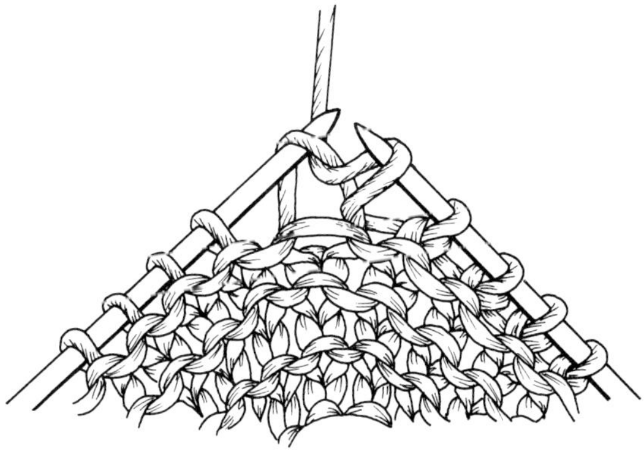

2. Der Faden wird mit der rechten Nadel durch die Masche geholt, die danach von der linken Nadel gleitet. Die neue Masche liegt auf der rechten Nadel.

Linke Maschen

Linke Maschen haben – ähnlich wie das kraus rechts gestrickte Maschenbild – eine Querrippenwirkung, die jedoch flacher ist. Linke Maschen benötigt man unter anderem, um glatt rechts stricken zu können: Auf der Rückseite erscheinen sie als rechte Maschen. Lauter linke Maschen haben Sie vor sich, wenn Sie ein glatt rechts gestricktes Strickstück umdrehen.

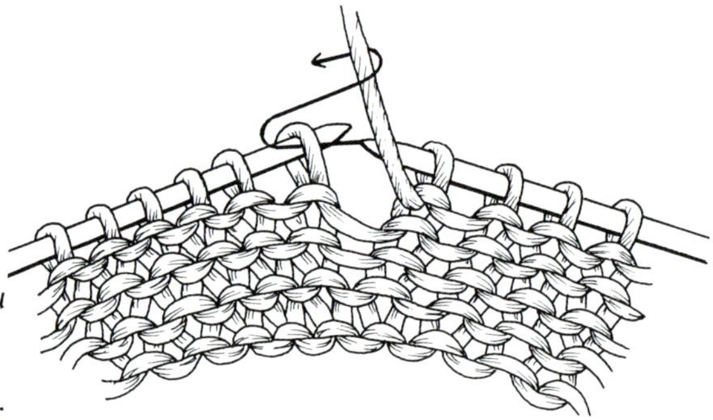

1. Der Faden liegt vor der rechten Nadel. Diese wird mit dem darauf liegenden Arbeitsfaden von rechts nach links in die erste Masche der linken Nadel gestochen.

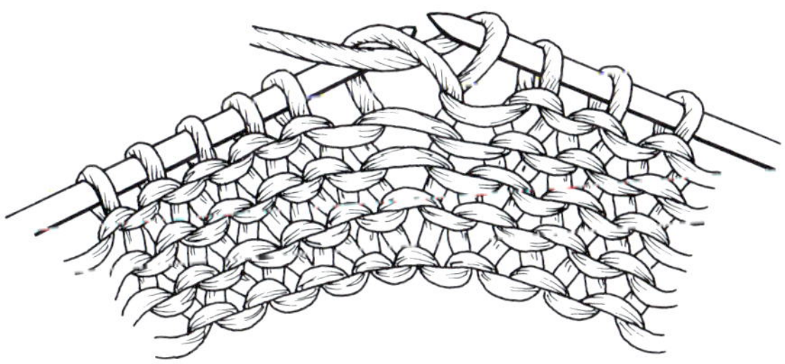

2. Der Faden wird von vorn nach hinten durch die Masche gezogen, die dabei von der linken Nadel gleitet. Die neue Masche liegt auf der rechten Nadel.

Glatt rechts

Gatt rechts Gestricktes besteht aus rechten und linken Maschen, d. h. die Hinreihen werden rechts, die Rückreihen links gestrickt. Das Maschenbild ist glatt und eignet sich für viele Modelle.

Da sich die Kanten leicht rollen, müssen stets eine Blende oder ein Rand angestrickt werden.

Randmasche

Um einen sauberen Rand an einem Strickstück zu bekommen, werden – ganz gleich, welches Muster Sie stricken – die erste und letzte Masche in der Hin- und in der Rückreihe rechts gestrickt. Ein ordentlicher Rand ist wichtig, um das spätere Zusammennähen oder Herausstricken von Maschen zu erleichtern.

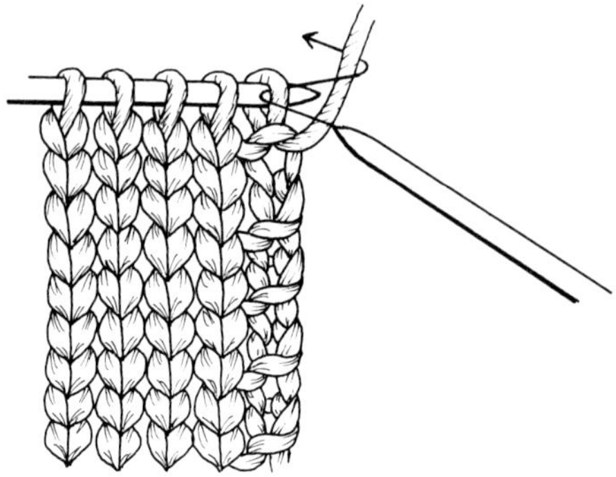

Umschlag

Einen Umschlag braucht man für Zunahmen oder für Lochmuster. Dazu muß man den Faden von vorne nach hinten über die rechte Nadel schlagen, bevor die nächste Masche gearbeitet wird. Der Umschlag wird in der nächsten Reihe abgestrickt und erscheint als neue Masche.

Strickt man den Umschlag rechts verschränkt ab (Seite 68), fügt er sich in das Maschenbild ein. Ein Loch entsteht, wenn der Umschlag nicht verschränkt abgestrickt wird.

Strickmuster

Wenn Sie jetzt die Kunst der rechten und linken Maschen beherrschen, können Sie sich ans Musterstricken wagen. Hier finden Sie verschiedene Vorschläge für plastische Muster, die sich mit rechten und linken Maschen leicht nachstricken lassen. Die Muster eignen sich für alle Garne und Wollarten. (Zum Üben sollten Sie ein glattes Garn nehmen, dann haben Sie es leichter). Die Wirkung der Muster verändert sich mit dem Material: Ein Schachbrettmuster zum Beispiel sieht in Angorawolle ganz anders aus als in grober Naturwolle! Genauso wichtig ist die Wahl der Farbe. Mit diesen beiden Faktoren bestimmen Sie selbst, ob das Muster fein oder sportlich-rustikal wirkt.
Im Anschluß an die plastischen Muster finden Sie noch andere Stricktechniken wie Norweger-, Loch- und Zopfmuster sowie den aufgestickten Maschenstich.

Alle Muster werden mit ausführlicher Anleitung erklärt. Dazu gibt es jeweils ein Foto und eine Schemazeichnung, die das Muster in Karoaufteilung deutlich macht. Das Schema zeigt nur einen Ausschnitt des Musters, der sich immer wiederholt (= Rapport). So setzt sich das Muster in Breite und in Höhe fort. Um die Anleitung leichter zu verstehen, sollten Sie Zeichnung und Foto vor sich liegen haben. Wichtig ist, daß Sie die Anleitung erst ganz (am besten laut) durchlesen, denn oft versteht man den Anfang besser, wenn man den Schluß schon kennt. Die gelernten Muster können Sie für jedes beliebige Strickmodell anwenden.

Rippenmuster

Rippenmuster benötigt man hauptsächlich für Bündchen und Blenden, die in der Breite dehnbar sein müssen. Rippenmuster eignen sich außerdem gut für Mützen, Schals und Pullis.

Einfaches Rippenmuster

1. Reihe: ✱ *1 Masche rechts, 1 Masche links, ab* ✱ *fortlaufend wiederholen.*

2. Reihe und alle weiteren Reihen: *Die Maschen stricken, wie sie in der Vorreihe erscheinen (rechte Maschen rechts und linke Maschen links).*

Das Schema zeigt das Maschenbild der rechten Seite. In den Rückreihen werden die rechts gezeichneten Maschen links und die links gezeichneten Maschen rechts gestrickt.
Die ungeraden Zahlen bezeichnen die Hinreihen, die geraden Zahlen die Rückreihen. Randmaschen sind nicht eingezeichnet, sie werden immer rechts gestrickt.

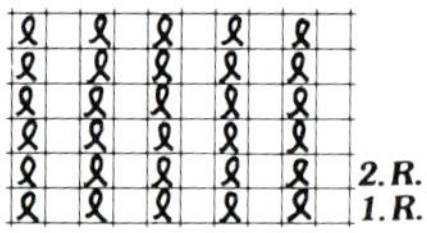

□ *rechte Masche* ⊠ *linke Masche*

Zweifaches Rippenmuster
1. Reihe: ** 2 Maschen rechts, 2 Maschen links, ab * fortlaufend wiederholen.*
2. Reihe und alle weiteren Reihen: *Die Maschen stricken, wie sie in der Vorreihe erscheinen (rechte Maschen rechts und linke Maschen links).*

Das Schema zeigt das Maschenbild der rechten Seite. In den Rückreihen werden die rechts gezeichneten Maschen links und die links gezeichneten Maschen rechts gestrickt. Die ungeraden Zahlen bezeichnen die Hinreihen, die geraden Zahlen die Rückreihen. Randmaschen sind nicht eingezeichnet, sie werden immer rechts gestrickt.

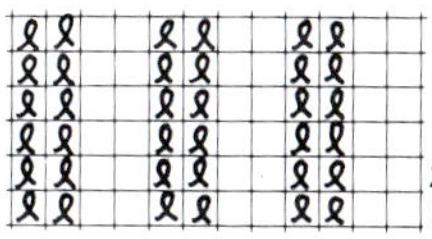
2. R.
1. R.

□ rechte Masche *☒ linke Masche*

Schachbrettmuster

2 Maschen rechts, 2 Maschen links und 2 Reihen in der Höhe (danach wird gewechselt). So ergibt sich das klassische Schachbrettmuster.

Die Maschenzahl muß durch 4 teilbar sein, damit der Musterrapport aufgeht. Dazu kommt an jeder Seite 1 Randmasche.

1. Reihe: *1 Randmasche, ✱ 2 Maschen rechts, 2 Maschen links, ab ✱ fortlaufend wiederholen, 1 Randmasche.*

2. Reihe: *1 Randmasche, ✱ 2 Maschen rechts, 2 Maschen links, ab ✱ fortlaufend wiederholen, 1 Randmasche.*

3. Reihe: *1 Randmasche, ✱ 2 Maschen links, 2 Maschen rechts, ab ✱ fortlaufend wiederholen, 1 Randmasche.*

4. Reihe: *1 Randmasche, ✱ 2 Maschen links, 2 Maschen rechts, ab ✱ fortlaufend wiederholen, 1 Randmasche. Die 1.–4. Reihe fortlaufend wiederholen.*

Das Schema zeigt das Maschenbild der rechten Seite. In den Rückreihen werden die rechts gezeichneten Maschen links und die links gezeichneten Maschen rechts gestrickt. Die ungeraden Zahlen bezeichnen die Hinreihen, die geraden Zahlen die Rückreihen. Randmaschen sind nicht eingezeichnet, sie werden immer rechts gestrickt.

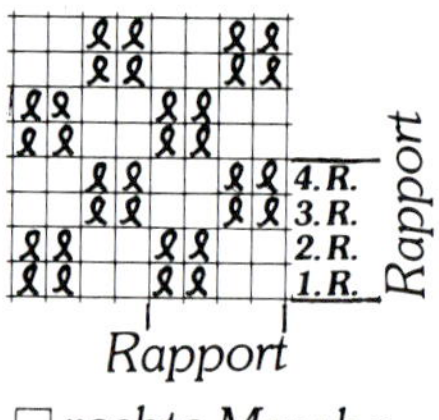

□ rechte Masche   ⊠ linke Masche

Perlmuster

Das körnige Muster entsteht, weil sich je eine rechte und eine linke Masche – in Reihen versetzt – abwechseln.

1. Reihe: *1 Randmasche* ✱ *1 Masche rechts, 1 Masche links, ab* ✱ *fortlaufend wiederholen, 1 Randmasche.*

2. Reihe und alle weiteren Reihen: *Wie die 1. Reihe, nur das Muster um 1 Masche versetzen, d. h. über die rechten Maschen der Vorreihe linke Maschen und über die linken Maschen der Vorreihe rechte Maschen stricken.*

Das Schema zeigt das Maschenbild der rechten Seite. In den Rückreihen werden die rechts gezeichneten Maschen links und die links gezeichneten Maschen rechts gestrickt. Die ungeraden Zahlen bezeichnen die Hinreihen, die geraden Zahlen die Rückreihen. Randmaschen sind nicht eingezeichnet, sie werden immer rechts gestrickt.

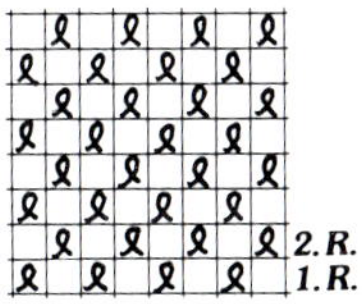

□ rechte Masche ⊠ linke Masche

Gittermuster

Wie ein Gitter liegen die links gestrickten Maschen über der glatt rechts gestrickten Fläche. Die Maschenverteilung wechselt von Reihe zu Reihe.

Die Maschenzahl muß durch 8 teilbar sein, damit der Musterrapport aufgeht. Dazu kommt an jeder Seite 1 Randmasche.

***1. Reihe:** 1 Randmasche, ✱ 1 Masche links, 7 Maschen rechts, ab ✱ fortlaufend wiederholen, 1 Randmasche.*

***2. Reihe:** 1 Randmasche, ✱ 1 Masche rechts, 5 Maschen links, 1 Masche rechts, 1 Masche links, ab ✱ fortlaufend wiederholen, 1 Randmasche.*

***3. Reihe:** 1 Randmasche, ✱ 2 Maschen rechts, 1 Masche links, 3 Maschen rechts, 1 Masche links, 1 Masche rechts, ab ✱ fortlaufend wiederholen, 1 Randmasche.*

***4. Reihe:** 1 Randmasche, ✱ 2 Maschen links, 1 Masche rechts, 1 Masche links, 1 Masche rechts, 3 Maschen links, ab ✱ fortlaufend wiederholen, 1 Randmasche.*

***5. Reihe:** 1 Randmasche, ✱ 4 Maschen rechts, 1 Masche links, 3 Maschen rechts, ab ✱ fortlaufend wiederholen, 1 Randmasche.*

***6. Reihe:** 1 Randmasche, ✱ 2 Maschen links, 1 Masche rechts,*

*1 Masche links, 1 Masche rechts, 3 Maschen links, ab * fortlaufend wiederholen, 1 Randmasche.*

***7. Reihe:** 1 Randmasche, * 2 Maschen rechts, 1 Masche links, 3 Maschen rechts, 1 Masche links, 1 Masche rechts, ab * fortlaufend wiederholen, 1 Randmasche.*

***8. Reihe:** 1 Randmasche, * 1 Masche rechts, 5 Maschen links, 1 Masche rechts, 1 Masche links, ab * fortlaufend wiederholen, 1 Randmasche. Die 1.–8. Reihe fortlaufend wiederholen.*

Das Schema zeigt das Maschenbild der rechten Seite. In den Rückreihen werden die rechts gezeichneten Maschen links und die links gezeichneten Maschen rechts gestrickt.

Die ungeraden Zahlen bezeichnen die Hinreihen, die geraden Zahlen die Rückreihen. Randmaschen sind nicht eingezeichnet, sie werden immer rechts gestrickt.

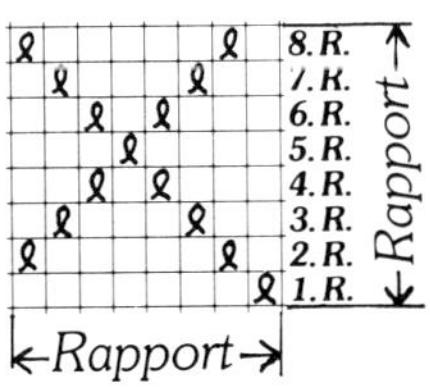

□ rechte Masche   ☒ linke Masche

Flechtmuster

Die unterschiedlich breiten, versetzten Maschenblöcke erinnern an Korbgeflecht.

Die Maschenzahl muß durch 6 teilbar sein, damit der Musterrapport aufgeht. Dazu kommt an jeder Seite 1 Randmasche.

1. Reihe: *rechts*
2. Reihe: *links*
3. Reihe: *1 Randmasche, ∗ 1 Masche rechts, 4 Maschen links, 1 Masche rechts, ab ∗ fortlaufend wiederholen, 1 Randmasche.*
4. Reihe: *1 Randmasche, ∗ 1 Masche links, 4 Maschen rechts, 1 Masche links, ab ∗ fortlaufend wiederholen, 1 Randmasche.*
5. Reihe: *1 Randmasche, ∗ 1 Masche rechts, 4 Maschen links, 1 Masche rechts, ab ∗ fortlaufend wiederholen, 1 Randmasche.*
6. Reihe: *1 Randmasche, ∗ 1 Masche links, 4 Maschen rechts, 1 Masche links, ab ∗ fortlaufend wiederholen, 1 Randmasche.*
7. Reihe: *rechts*
8. Reihe: *links*
9. Reihe: *1 Randmasche, ∗ 2 Maschen links, 2 Maschen rechts, 2 Maschen links, ab ∗ fortlaufend wiederholen, 1 Randmasche.*

10. Reihe: *1 Randmasche,* ✱ *2 Maschen rechts, 2 Maschen links, 2 Maschen rechts, ab* ✱ *fortlaufend wiederholen, 1 Randmasche.*
11. Reihe: *1 Randmasche,* ✱ *2 Maschen links, 2 Maschen rechts, 2 Maschen links, ab* ✱ *fortlaufend wiederholen, 1 Randmasche.*
12. Reihe: *1 Randmasche,* ✱ *2 Maschen rechts, 2 Maschen links, 2 Maschen rechts, ab* ✱ *fortlaufend wiederholen, 1 Randmasche.*
Die 1.–12. Reihe fortlaufend wiederholen.
Das Schema zeigt das Maschenbild der rechten Seite. In den Rückreihen werden die rechts gezeichneten Maschen links und die links gezeichneten Maschen rechts gestrickt.
Die ungeraden Zahlen bezeichnen die Hinreihen, die geraden Zahlen die Rückreihen. Randmaschen sind nicht eingezeichnet, sie werden immer rechts gestrickt.

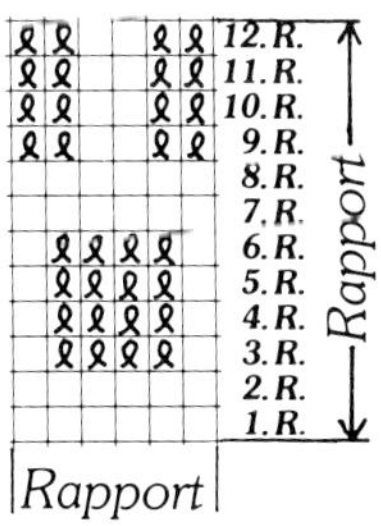

□ *rechte Masche* ☒ *linke Masche*

Pikeemuster

Die glatt rechts gestrickte Fläche wird durch einzelne, versetzt eingestreute linke Maschen belebt.

Die Maschenzahl muß durch 4 teilbar sein, damit der Musterrapport aufgeht. Dazu kommt an jeder Seite 1 Randmasche.

1. Reihe: *1 Randmasche, ✱ 3 Maschen rechts, 1 Masche links, ab ✱ fortlaufend wiederholen, 1 Randmasche.*

2. Reihe: *links*

3. Reihe: *rechts*

4. Reihe: *links*

5. Reihe: *1 Randmasche, ✱ 1 Masche rechts, 1 Masche links, 2 Maschen rechts, ab ✱ fortlaufend wiederholen, 1 Randmasche.*

6. Reihe: *links*

7. Reihe: *rechts*

8. Reihe: *links Die 1.–8. Reihe fortlaufend wiederholen.*

Das jeweilige Schema zeigt das Maschenbild der rechten Seite. In den Rückreihen werden die rechts gezeichneten Maschen links und die links gezeichneten Maschen rechts gestrickt.

Die ungeraden Zahlen bezeichnen die Hinreihen, die geraden Zahlen die Rückreihen. Randmaschen sind nicht eingezeichnet, sie werden immer rechts gestrickt.

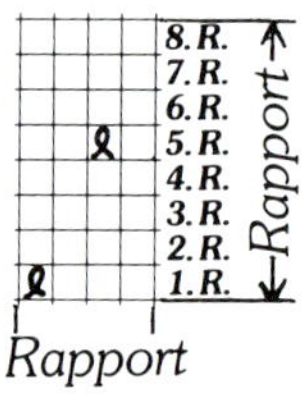

□ rechte Masche ⊠ linke Masche

Dreiecksmuster

Die Maschenzahl muß durch 8 teilbar sein, damit der Musterrapport aufgeht. Dazu kommt an jeder Seite eine Randmasche.
1. Reihe: *1 Randmasche, ✱ 3 Maschen rechts, 1 Masche links, 4 Maschen rechts, ab ✱ fortlaufend wiederholen, 1 Randmasche.*
2. Reihe: *1 Randmasche, ✱ 3 Maschen links, 3 Maschen rechts, 2 Maschen links, ab ✱ fortlaufend wiederholen, 1 Randmasche.*
3. Reihe: *1 Randmasche, ✱ 1 Masche rechts, 5 Maschen links, 2 Maschen rechts, ab ✱ fortlaufend wiederholen, 1 Randmasche.*
4. Reihe: *1 Randmasche, ✱ 1 Masche links, 7 Maschen rechts, ab ✱ fortlaufend wiederholen, 1 Randmasche.*
5. Reihe: *1 Randmasche, ✱ 7 Maschen rechts, 1 Masche links, ab ✱ fortlaufend wiederholen, 1 Randmasche.*
6. Reihe: *1 Randmasche, ✱ 2 Maschen rechts, 5 Maschen links, 1 Masche rechts, ab ✱ fortlaufend wiederholen, 1 Randmasche.*
7. Reihe: *1 Randmasche, ✱ 2 Maschen links, 3 Maschen rechts, 3 Maschen links, ab ✱ fortlaufend wiederholen, 1 Randmasche.*
8. Reihe: *1 Randmasche, ✱ 4 Maschen rechts, 1 Masche links, 3 Maschen rechts, ab ✱ fortlaufend wiederholen, 1 Randmasche.*
Die 1.–8. Reihe fortlaufend wiederholen. Die Schemaerklärung finden Sie beim Pikeemuster.

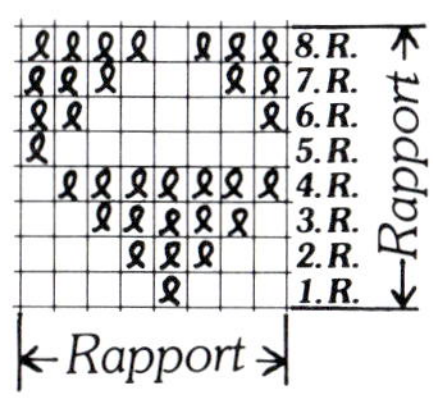

Waagerechtes Pikeemuster

Bei diesem Muster werden einzelne linke Maschen regelmäßig übereinander eingestrickt: Das ergibt eine hübsche Rippenwirkung und ist einfach zu machen.

1. Reihe: *rechts*
2. Reihe: *links*
3. Reihe: *1 Randmasche, ✱ 1 Masche rechts, 1 Masche links, ab ✱ fortlaufend wiederholen, 1 Randmasche.*
4. Reihe: *links*
Die 1.–4. Reihe fortlaufend wiederholen.

Das Schema zeigt das Maschenbild der rechten Seite. In den Rückreihen werden die rechts gezeichneten Maschen links und die links gezeichneten Maschen rechts gestrickt.
Die ungeraden Zahlen bezeichnen Hinreihen, die geraden Zahlen die Rückreihen. Randmaschen sind nicht eingezeichnet, sie werden immer rechts gestrickt.

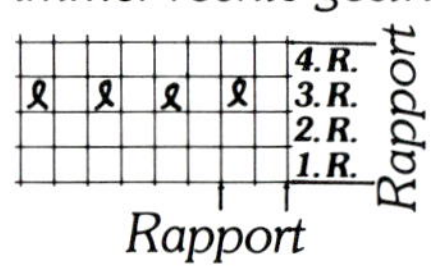

□ *rechte Masche* ⊠ *linke Masche*

Querrippenmuster

Alle paar Reihen wird bei diesem Muster die Strickart gewechselt: Das ist so einfach, daß man nach einiger Übung kaum noch hinzusehen braucht.

1. Reihe: rechts
2. Reihe: links
3. Reihe: rechts
4. Reihe: rechts
5. Reihe: links
6. Reihe: rechts
Die 1.–6. Reihe fortlaufend wiederholen.

Das Schema zeigt das Maschenbild der rechten Seite. In den Rückreihen werden die rechts gezeichneten Maschen links und die links gezeichneten Maschen rechts gestrickt.
Die ungeraden Zahlen bezeichnen Hinreihen, die geraden Zahlen die Rückreihen. Randmaschen sind nicht eingezeichnet, sie werden immer rechts gestrickt.

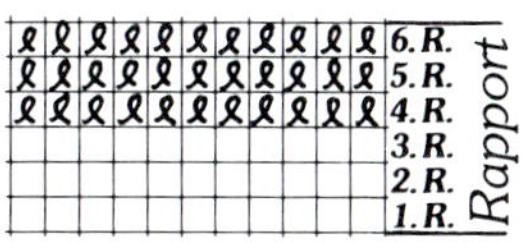

☐ *rechte Masche* ☒ *linke Masche*

Blattreliefmuster

Zwischen links gestrickten Streifen bilden diagonal eingestrickte linke und rechte Maschen ein dekoratives Muster.

Die Maschenzahl muß durch 10 teilbar sein, damit der Musterrapport aufgeht. Dazu kommt an jeder Seite 1 Randmasche.

1. Reihe: *links*
2. Reihe: *rechts*
3. Reihe: *links*
4. Reihe: *links*
5. Reihe: *1 Randmasche, * 5 Maschen links, 5 Maschen rechts, ab * fortlaufend wiederholen, 1 Randmasche.*
6. Reihe: *1 Randmasche, * 1 Masche rechts, 5 Maschen links, 4 Maschen rechts, ab * fortlaufend wiederholen, 1 Randmasche.*
7. Reihe: *1 Randmasche, * 3 Maschen links, 5 Maschen rechts, 2 Maschen links, ab * fortlaufend wiederholen, 1 Randmasche.*
8. Reihe: *1 Randmasche, * 3 Maschen rechts, 5 Maschen links, 2 Maschen rechts, ab * fortlaufend wiederholen, 1 Randmasche.*
9. Reihe: *1 Randmasche, * 1 Masche links, 5 Maschen rechts, 4 Maschen links, ab * fortlaufend wiederholen, 1 Randmasche.*
10. Reihe: *rechts*
11. Reihe: *1 Randmasche, * 1 Masche rechts, 5 Maschen links, 4 Maschen rechts, ab * fortlaufend wiederholen, 1 Randmasche.*
12. Reihe: *1 Randmasche, * 3 Maschen links, 5 Maschen rechts, 2 Maschen links, ab * fortlaufend wiederholen, 1 Randmasche.*

13. Reihe: 1 Randmasche, ∗ 3 Maschen rechts, 5 Maschen links, 2 Maschen rechts, ab ∗ fortlaufend wiederholen, 1 Randmasche.
14. Reihe: 1 Randmasche, ∗ 1 Masche links, 5 Maschen rechts, 4 Maschen links, ab ∗ fortlaufend wiederholen, 1 Randmasche.
15. Reihe: 1 Randmasche, ∗ 5 Maschen rechts, 5 Maschen links, ab ∗ fortlaufend wiederholen, 1 Randmasche.
16. Reihe: links
Die 1.–16. Reihe fortlaufend wiederholen.
Das Schema zeigt das Maschenbild der rechten Seite. In den Rückreihen werden die rechts gezeichneten Maschen links und die links gezeichneten Maschen rechts gestrickt.
Die ungeraden Zahlen bezeichnen die Hinreihen, die geraden Zahlen die Rückreihen. Randmaschen sind nicht eingezeichnet, sie werden immer rechts gestrickt.

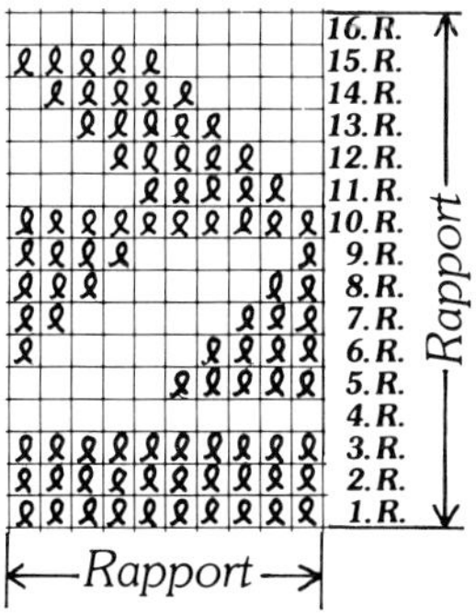

□ rechte Masche ☒ linke Masche

Zickzack-Muster

Bei diesem Muster muß man darauf achten, daß die links gestrickten Maschen in den richtigen Abständen aufeinandertreffen.

Die Maschenzahl muß durch 8 teilbar sein, damit der Musterrapport aufgeht. Dazu kommt an jeder Seite 1 Randmasche.

1. Reihe: *1 Randmasche, * 1 Masche links, 7 Maschen rechts, ab * fortlaufend wiederholen, 1 Randmasche.*

2. Reihe: *1 Randmasche, * 1 Masche rechts, 5 Maschen links, 1 Masche rechts, 1 Masche links, ab * fortlaufend wiederholen, 1 Randmasche.*

3. Reihe: *1 Randmasche, * 2 Maschen rechts, 1 Masche links, 3 Maschen rechts, 1 Masche links, 1 Masche rechts, ab * fortlaufend wiederholen, 1 Randmasche.*

4. Reihe: *1 Randmasche, * 2 Maschen links, 1 Masche rechts, 1 Masche links, 1 Masche rechts, 3 Maschen links, ab * fortlaufend wiederholen, 1 Randmasche.*

5. Reihe: *1 Randmasche, * 4 Maschen rechts, 1 Masche links, 3 Maschen rechts, ab * fortlaufend wiederholen, 1 Randmasche.*

6. Reihe: *1 Randmasche, * 7 Maschen links, 1 Masche rechts, ab * fortlaufend wiederholen, 1 Randmasche.*

7. Reihe: *1 Randmasche, * 1 Masche rechts, 1 Masche links, 5 Maschen rechts, 1 Masche links,* *ab ✱ fortlaufend wiederholen, 1 Randmasche.*

8. Reihe: *1 Randmasche, ✱ 1 Masche links, 1 Masche rechts, 3 Maschen links, 1 Masche rechts, 2 Maschen links, ab ✱ fortlaufend wiederholen, 1 Randmasche.*

9. Reihe: *1 Randmasche, ✱ 3 Maschen rechts, 1 Masche links, 1 Masche rechts, 1 Masche links, 2 Maschen rechts, ab ✱ fortlaufend wiederholen, 1 Randmasche.*

10. Reihe: *1 Randmasche, ✱ 3 Maschen links, 1 Masche rechts, 4 Maschen links, ab ✱ fortlaufend wiederholen, 1 Randmasche.*

Die 1.–10. Reihe fortlaufend wiederholen.

Das Schema zeigt das Maschenbild der rechten Seite. In den Rückreihen werden die rechts gezeichneten Maschen links und die links gezeichneten Maschen rechts gestrickt.

Die ungeraden Zahlen bezeichnen die Hinreihen, die geraden Zahlen die Rückreihen. Randmaschen sind nicht eingezeichnet, sie werden immer rechts gestrickt.

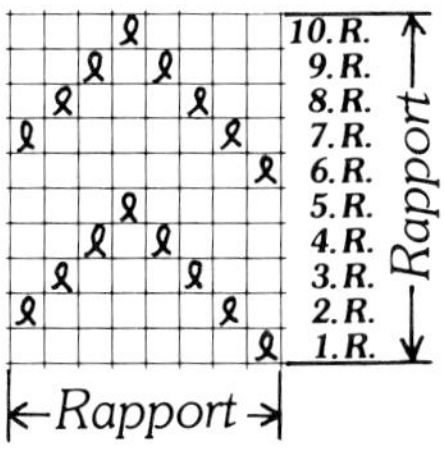

□ rechte Masche   ☒ linke Masche

Schrägrippenmuster

Rechte und linke Maschen werden so regelmäßig gewechselt, daß eine hübsche diagonale Rippenwirkung entsteht.

Die Maschenzahl muß durch 4 teilbar sein, damit der Musterrapport aufgeht. Dazu kommt an jeder Seite 1 Randmasche.

1. Reihe: *1 Randmasche, ✱ 2 Maschen links, 2 Maschen rechts, ab ✱ fortlaufend wiederholen, 1 Randmasche.*

2. Reihe: *1 Randmasche, ✱ 1 Masche rechts, 2 Maschen links, 1 Masche rechts, ab ✱ fortlaufend wiederholen, 1 Randmasche.*

3. Reihe: *1 Randmasche, ✱ 2 Maschen rechts, 2 Maschen links, ab ✱ fortlaufend wiederholen, 1 Randmasche.*

4. Reihe: *1 Randmasche, ✱ 1 Masche links, 2 Maschen rechts, 1 Masche links, ab ✱ fortlaufend wieder holen, 1 Randmasche. Die 1.–4. Reihe fortlaufend wiederholen.*

Das Schema zeigt das Maschenbild der rechten Seite. In den Rückreihen werden die rechts gezeichneten Maschen links und die links gezeichneten Maschen rechts gestrickt.

Die ungeraden Zahlen bezeichnen die Hinreihen, die geraden Zahlen die Rückreihen. Randmaschen sind nicht eingezeichnet, sie werden immer rechts gestrickt.

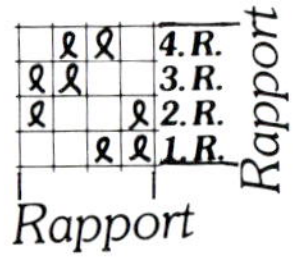

□ *rechte Masche* ☒ *linke Masche*

Raupenmuster

In jeder vierten Reihe müssen bei diesem Muster mehrere linke Maschen versetzt eingestreut werden.
Die Maschenzahl muß durch 10 teilbar sein, damit der Musterrapport aufgeht. Dazu kommt an jeder Seite 1 Randmasche.
1. Reihe: *1 Randmasche, ✱ 4 Maschen rechts, 6 Maschen links, ab ✱ fortlaufend wiederholen, 1 Randmasche.*
2. Reihe: *links*
3. Reihe: *rechts*
4. Reihe: *links*
5. Reihe: *1 Randmasche, ✱ 5 Maschen links, 4 Maschen rechts, 1 Masche links, ab ✱ fortlaufend wiederholen, 1 Randmasche.*
6. Reihe: *links*
7. Reihe: *rechts*
8. Reihe: *links Die 1.–8. Reihe fortlaufend wiederholen.*
Das Schema zeigt das Maschenbild der rechten Seite. In den Rückreihen werden die rechts gezeichneten Maschen links und die links gezeichneten Maschen rechts gestrickt.
Die ungeraden Zahlen bezeichnen die Hinreihen, die geraden Zahlen die Rückreihen. Randmaschen sind nicht eingezeichnet, sie werden immer rechts gestrickt.

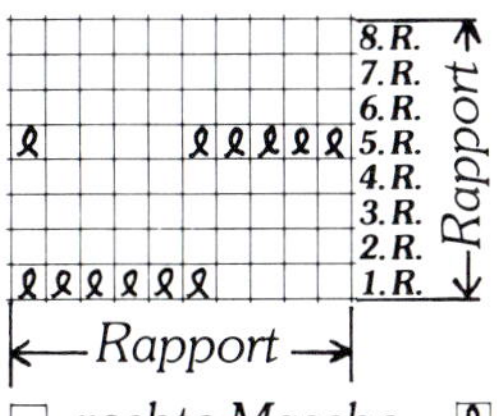

☐ rechte Masche ☒ linke Masche

Doppeltes Perlmuster

Die besonders plastische Perlenwirkung entsteht, weil immer zwei linke und zwei rechte Maschen übereinander gestrickt werden.

1. Reihe: *1 Randmasche, ∗ 1 Masche rechts, 1 Masche links, ab ∗ fortlaufend wiederholen, 1 Randmasche.*

2. Reihe: *Die Maschen stricken, wie sie in der Vorreihe erscheinen, rechte Maschen rechts und linke Maschen links.*

3. Reihe: *1 Randmasche, ∗ 1 Masche links, 1 Masche rechts, ab ∗ fortlaufend wiederholen, 1 Randmasche.*

4. Reihe: *Die Maschen stricken, wie sie in der Vorreihe erscheinen, rechte Maschen rechts und linke Maschen links. Die 1.–4. Reihe fortlaufend wiederholen.*

Das Schema zeigt das Maschenbild der rechten Seite. In den Rückreihen werden die rechts gezeichneten Maschen links und die links gezeichneten Maschen rechts gestrickt.

Die ungeraden Zahlen bezeichnen die Hinreihen, die geraden Zahlen die Rückreihen. Randmaschen sind nicht eingezeichnet, sie werden immer rechts gestrickt.

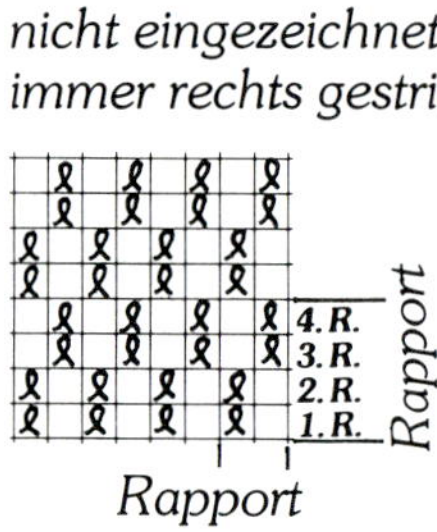

□ rechte Masche   ☒ linke Masche

Rippenpikee

Durch die Mischung aus senkrechten, verschieden breiten Rippen und waagerechten Linksmaschen sieht das Muster auf den ersten Blick aufwendiger aus als es ist.

Die Maschenzahl muß durch 10 teilbar sein, damit der Musterrapport aufgeht. Dazu kommt an jeder Seite 1 Randmasche.
1. Reihe: *1 Randmasche, ✱ 3 Maschen links, 1 Masche rechts, 3 Maschen links, 3 Maschen rechts, ab ✱ fortlaufend wiederholen, 1 Randmasche.*
2. Reihe: *1 Randmasche, ✱ 3 Maschen links, 3 Maschen rechts, 1 Masche links, 3 Maschen rechts, ab ✱ fortlaufend wiederholen, 1 Randmasche.*
3. Reihe: *1 Randmasche, ✱ 3 Maschen links, 1 Masche rechts, 3 Maschen links, 3 Maschen rechts, ab ✱ fortlaufend wiederholen, 1 Randmasche.* **4. Reihe:** *rechts*
Die 1.–4. Reihe fortlaufend wiederholen.
Das Schema zeigt das Maschenbild der rechten Seite. In den Rückreihen werden die rechts gezeichneten Maschen links und die links gezeichneten Maschen rechts gestrickt.
Die ungeraden Zahlen bezeichnen die Hinreihen, die geraden Zahlen die Rückreihen. Randmaschen sind nicht eingezeichnet, sie werden immer rechts gestrickt.

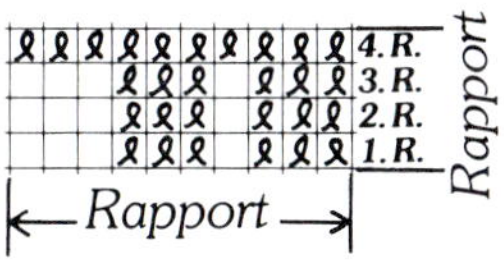

□ rechte Masche ⌧ linke Masche

Norwegermuster

Norwegermuster werden glatt rechts (Hinreihe rechts, Rückreihe links oder in Runden auf der Rundnadel nur rechts) gestrickt. Dazu gehören mindestens zwei Farben: die Grund- und die Musterfarbe.

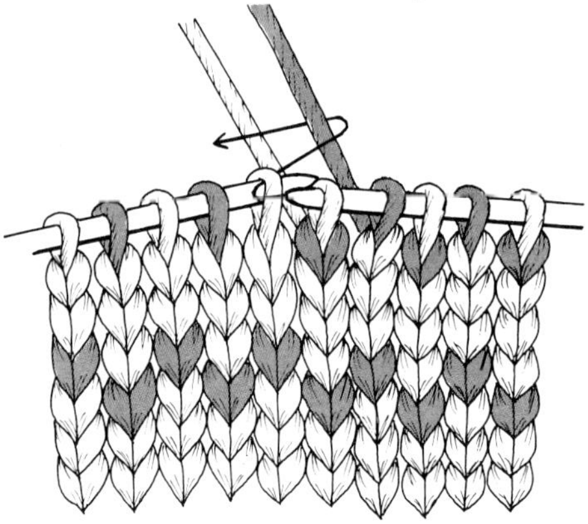

Gestrickt wird bei unserem Muster gleichzeitig mit zwei Knäueln. Mit einem Faden stricken Sie, der andere wird mitgeführt, bis diese Farbe an der Reihe ist (und umgekehrt).
Der mitgeführte Faden läuft, wenn auf der rechten Seite gearbeitet wird, hinter der Arbeit mit. Wird auf der linken Seite gestrickt, muß der Arbeitsfaden beim Farbwechsel von vorne nach hinten zwischen den beiden Nadeln durchgeführt werden. Die nächsten Maschen dem Farbmuster entsprechend stricken und den Faden wieder nach vorne legen. Der mitlaufende Faden liegt vor dem Strickstück.
Der mitgeführte Faden darf nicht zu stramm angezogen werden, damit sich das Strickstück nicht zusammenzieht. Man sollte beim Entwurf eines Musters darauf achten, daß nicht mehr als 6–8 Maschen übersprungen werden. Norwegermuster werden am besten in Runden gearbeitet (Mützen, Rundpassen oder Pullis bis zum Armausschnitt). Man strickt dann nur rechts, der jeweils mitgeführte Faden läuft auf der linken Seite – also hinter dem Strickstück – mit.
Das abgebildete Muster wird glatt rechts in beliebigen Farben nach dem Schema gearbeitet.

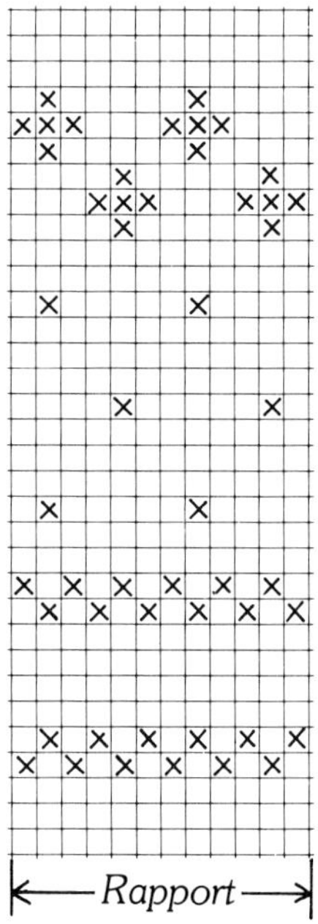

Maschenstich

Mit dem Maschenstich kann man Muster, die sich aus mehreren einzelnen Maschen zusammensetzen, aufsticken. Das ist leichter, als solche Motive einzustricken. Den Maschenstich benutzt man vor allem, um florale Muster wie Blumen und Blätter zu sticken. Aber auch, um grafische Motive wie Linien, Rhomben und Kreise oder einzelne bunte Maschen aufzusticken.

Die Schemazeichnung zeigt das Blumenmotiv vom Foto.

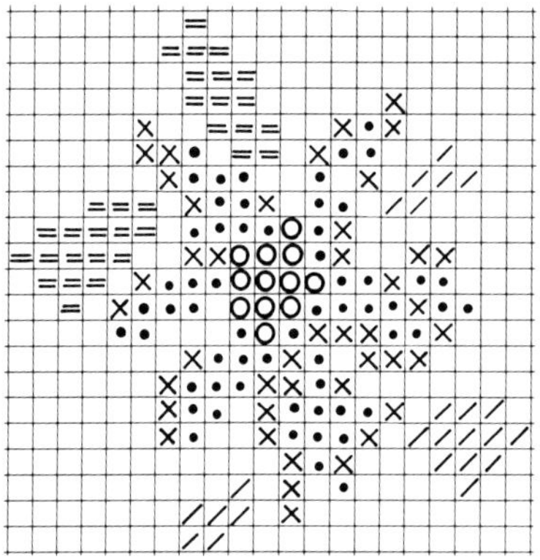

O Rosa • Pink ⁄ Grün
X Rot = Olivgrün

Als Grundlage für den Maschenstich braucht man ein glatt rechtes Maschenbild. Mit einer Sticknadel ohne Spitze werden die Maschen im vorgegebenen Muster, möglichst mit der gleichen Wollstärke, nachgestickt.

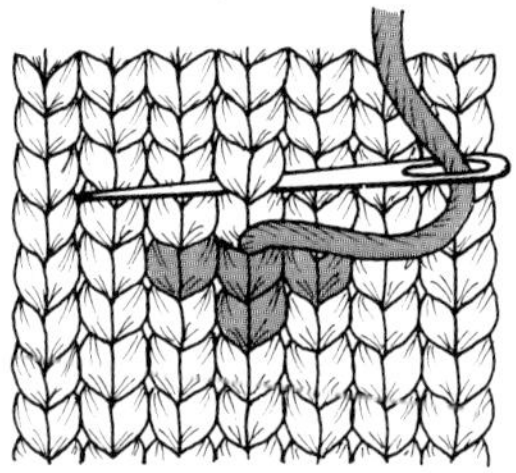

1. In der Mitte einer Masche mit der Sticknadel von der Rückseite auf die Vorderseite durchstechen. Die Nadel unter der darüberliegenden Masche von rechts nach links durchführen.

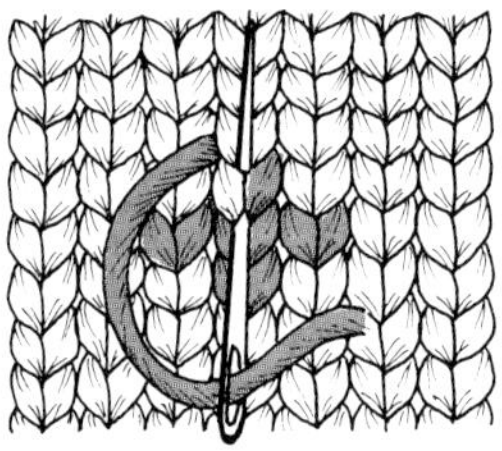

2. Die Sticknadel von oben nach unten in die Ausstichstelle zurückstechen.

Lochmuster

Lochmuster wirken je nach Material ganz unterschiedlich: Nimmt man ein dünnes Garn, wirkt die Strickart fein und festlich. Nimmt man dicke Natur- oder Tweedwolle, sehen die Lochmuster sportlich aus.

Lochmuster mit nach rechts versetzten Maschen

1. Der Faden liegt hinter der Arbeit. Die rechte Nadel sticht von vorne in die zweite, dann in die erste Masche auf der linken Nadel ein. Der Faden wird mit der rechten Nadel durch beide Maschen geholt, wie es die Pfeilrichtung zeigt.

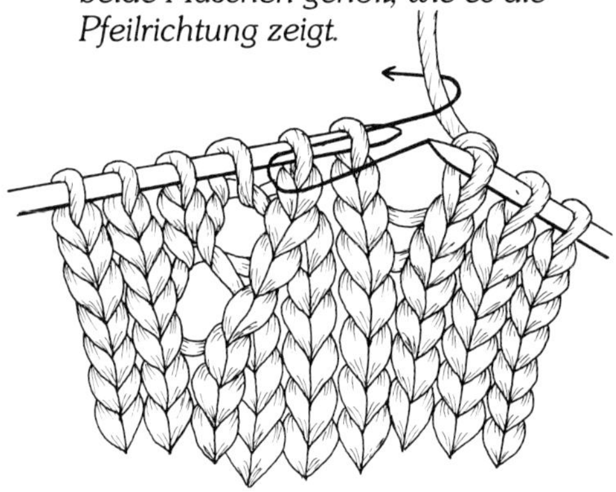

2. Beide Maschen gleiten von der linken Nadel, eine neue Masche liegt auf der rechten. Danach den Arbeitsfaden von vorne nach hinten über die rechte Nadel legen (Umschlag) und die nächste Masche wieder rechts stricken. In der Rückreihe werden alle Maschen links gestrickt, ***auch*** *der Umschlag. Dieser ergibt dann eine neue Masche, und es entsteht ein Loch.*

Lochmuster mit nach links versetzten Maschen

1. Den Arbeitsfaden von vorne nach hinten über die rechte Nadel legen (Umschlag). In die erste Masche der linken Nadel von vorn einstechen und sie auf die rechte Nadel heben.

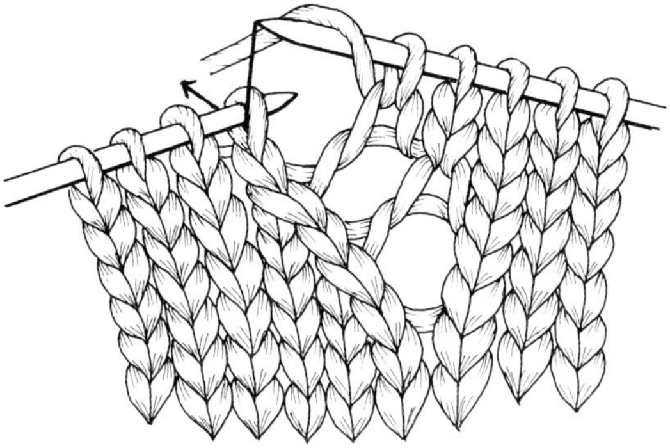

2. Die nächste Masche auf der linken Nadel rechts stricken und die abgehobene Masche über die gestrickte ziehen, wie es die Pfeilrichtung zeigt. In der Rückreihe werden alle Maschen links gestrickt, **auch** *der Umschlag. Dieser ergibt dann eine neue Masche, und es entsteht ein Loch.*

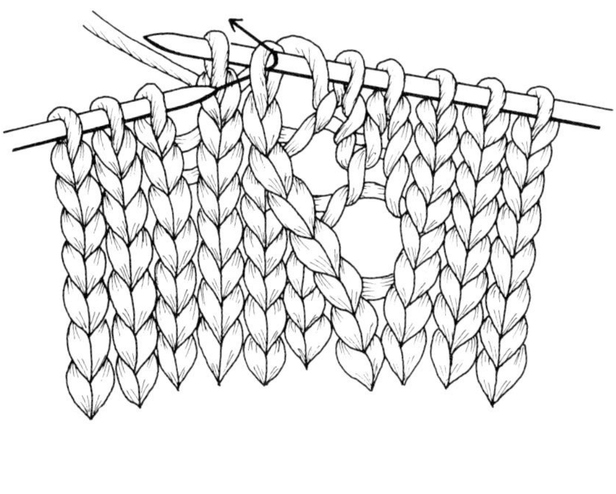

Zeichenerklärung für Lochmuster von Seite 56/57

Die Rückreihen (gerade Zahlen) und die Randmaschen sind nicht eingezeichnet, sondern nur in der Anleitung beschrieben. Die Randmaschen werden immer rechts gestrickt.

□ rechte Masche

U Umschlag

/ 2 Maschen rechts zusammenstricken

\ 1 Masche wie zum Rechtsstricken abheben, 1 Masche rechts stricken und die abgehobene Masche darüberziehen.

Schräglaufendes Lochmuster

Die Maschenzahl muß durch 5 teilbar sein, damit der Musterrapport aufgeht. Dazu kommt an jeder Seite 1 Randmasche.

1. Reihe: *rechts*

2. Reihe: *links*

3. Reihe: *1 Randmasche, ∗ 3 Maschen rechts, 2 Maschen rechts zusammenstricken, 1 Umschlag, ab ∗ fortlaufend wiederholen, 1 Randmasche.*

4. Reihe: *links, auch die Umschläge.*

5. Reihe: *1 Randmasche, ∗ 2 Maschen rechts, 2 Maschen rechts zusammenstricken, 1 Umschlag, 1 Masche rechts, ab ∗ fortlaufend wiederholen, 1 Randmasche.*

6. Reihe: *links, auch die Umschläge.*

7. Reihe: *1 Randmasche, ∗ 1 Masche rechts, 2 Maschen rechts zusammenstricken, 1 Umschlag, 2 Maschen rechts, ab ∗ fortlaufend wiederholen, 1 Randmasche.*

8. Reihe: *links, auch die Umschläge.*

9. Reihe: *rechts.*

10. Reihe: *links.*

11. Reihe: *1 Randmasche, ∗ 1 Masche wie zum Rechtsstricken abheben, 1 Masche rechts und die abgehobene Masche darüberziehen, 3 Maschen rechts, 1 Umschlag, ab ∗ fortlaufend wiederholen, 1 Randmasche.*

12. Reihe: *links, auch die Umschläge.*

13. Reihe: *1 Randmasche, ∗ 1 Umschlag, 1 Masche wie zum Rechtsstricken abheben, 1 Masche rechts und die abgehobene Masche darüberziehen, 3 Maschen rechts,*

*ab * fortlaufend wiederholen, 1 Randmasche.*
***14. Reihe:** links, auch die Umschläge.*
***15. Reihe:** 1 Randmasche, * 1 Masche rechts, 1 Umschlag, 1 Masche wie zum Rechtsstricken abheben, 1 Masche rechts und die abgehobene Masche darüberziehen, 2 Maschen rechts, ab * fortlaufend wiederholen, 1 Randmasche. **16. Reihe:** links, auch die Umschläge. Die 1.–16. Reihe fortlaufend wiederholen.*

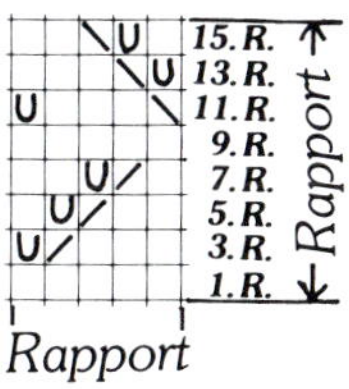

Die Zeichenerklärung finden Sie auf Seite 55.

Einfaches Lochmuster

Die Maschenzahl muß durch 6 teilbar sein, damit der Musterrapport aufgeht. Dazu kommt an jeder Seite 1 Randmasche.
***1. Reihe:** rechts **2. Reihe:** links*
***3. Reihe:** 1 Randmasche, * 4 Maschen rechts, 2 Maschen rechts zusammenstricken, 1 Umschlag, ab * fortlaufend wiederholen, 1 Randmasche.*
***4. Reihe:** links, auch die Umschläge.*
***5. Reihe:** rechts **6. Reihe:** links*
***7. Reihe:** 1 Randmasche, * 1 Masche rechts, 2 Maschen rechts zusammenstricken, 1 Umschlag, 3 Maschen rechts, ab * fortlaufend wiederholen, 1 Randmasche.*
***8. Reihe:** links, auch die Umschläge.*
Die 1.–8. Reihe fortlaufend wiederholen.

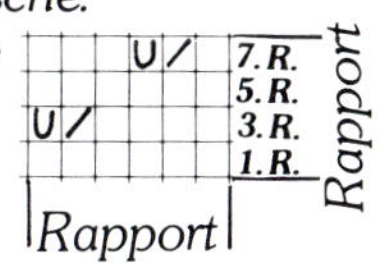

Zopfmuster

Wenn Sie etwas Strickerfahrung gesammelt haben, sind auch Zopfmuster kein Problem mehr.
Zopfmuster gehören zu den Klassikern der Strickkunst. Sie eignen sich für sportliche Pullover und Jacken und sind in Verbindung mit anderen plastischen Strickarten die Grundlage für die typischen irischen Muster.
Zum Stricken von Zopfmustern brauchen Sie eine Zopfmusternadel, auf der Sie vorübergehend die Maschen stillegen, die dann zum „Zopf" verstrickt werden.

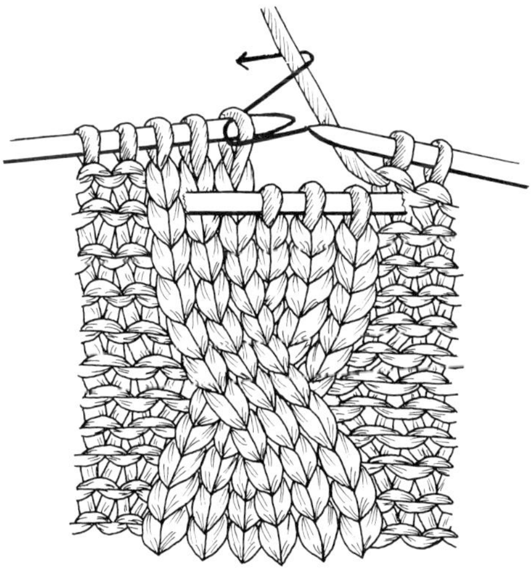

Zopfen nach links

Die ersten 3 Maschen des Zopfes auf einer Zopfmusternadel vor die Arbeit legen. Die nächsten 3 Maschen der linken Nadel rechts abstricken. Danach auch die Maschen der Zopfnadel rechts abstricken.

Anleitung für den nach links gedrehten Zopf

Die Maschenzahl muß durch 14 teilbar sein, damit der Musterrapport aufgeht. Dazu kommt an jeder Seite 1 Randmasche.
***1. Reihe:** 1 Randmasche, ✱ 2 Maschen rechts, 2 Maschen links, 6 Maschen rechts, 2 Maschen links, 2 Maschen rechts, ab ✱ fortlaufend wiederholen, 1 Randmasche.*
***2. Reihe:** 1 Randmasche, ✱ 2 Maschen links, 2 Maschen rechts, 6 Maschen links, 2 Maschen rechts, 2 Maschen links, ab ✱ fortlaufend wiederholen, 1 Randmasche.*
***3. Reihe:** genau wie die 1. Reihe.*
***4. Reihe:** genau wie die 2. Reihe.*
***5. Reihe:** genau wie die 1. Reihe.*
***6. Reihe:** genau wie die 2. Reihe.*
***7. Reihe:** 1 Randmasche, ✱ 2 Maschen rechts, 2 Maschen links, 3 Maschen auf einer Zopfmusternadel vor die Arbeit legen, 3 Maschen rechts, die 3 Maschen der Zopfnadel rechts, 2 Maschen links, 2 Maschen rechts, ab ✱ fortlaufend wiederholen, 1 Randmasche.*
***8. Reihe:** genau wie die 2. Reihe.*
Die 1.–8. Reihe fortlaufend wiederholen.

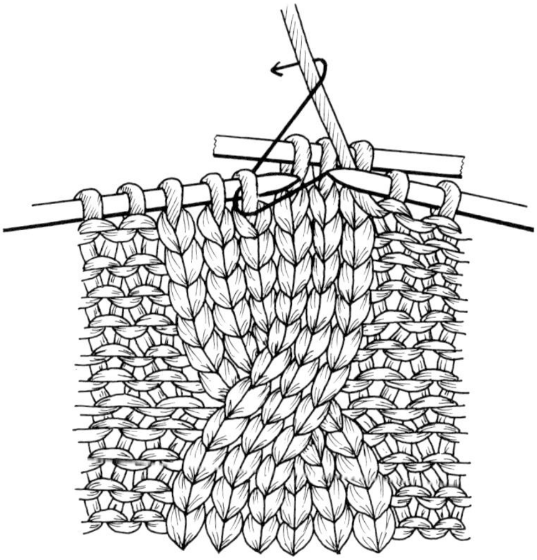

Zopfen nach rechts
Die ersten 3 Maschen des Zopfes auf einer Zopfmusternadel hinter die Arbeit legen. Die nächsten 3 Maschen der linken Nadel rechts abstricken und dann ebenso die Maschen der Zopfnadel rechts abstricken.

Anleitung für den nach rechts gedrehten Zopf:
Die Maschenzahl muß durch 14 teilbar sein, damit der Musterrapport aufgeht. Dazu kommt an jeder Seite 1 Randmasche.
1. Reihe: *1 Randmasche, ✱ 2 Maschen rechts, 2 Maschen links, 6 Maschen rechts, 2 Maschen links, 2 Maschen rechts, ab ✱ fortlaufend wiederholen, 1 Randmasche.*
2. Reihe: *1 Randmasche, ✱ 2 Maschen links, 2 Maschen rechts, 6 Maschen links, 2 Maschen rechts, 2 Maschen links, ab ✱ fortlaufend wiederholen, 1 Randmasche.*
3. Reihe: *genau wie die 1. Reihe.*
4. Reihe: *genau wie die 2. Reihe.*
5. Reihe: *genau wie die 1. Reihe.*
6. Reihe: *genau wie die 2. Reihe.*
7. Reihe: *1 Randmasche, ✱ 2 Maschen rechts, 2 Maschen links, 3 Maschen auf einer Zopfmusternadel hinter die Arbeit legen, 3 Maschen rechts, die 3 Maschen der Zopfmusternadel rechts, 2 Maschen links, 2 Maschen rechts, ab ✱ fortlaufend wiederholen, 1 Randmasche.*
8. Reihe: *genau wie die 2. Reihe.*
Die 1.–8. Reihe fortlaufend wiederholen.

Sollen ***beide Zopfarten*** *(nach rechts und nach links gedreht) nebeneinander gestrickt werden (wie auf dem Foto Seite 58), so strickt man bis zur 7. Reihe nach der Anleitung des nach links gedrehten Zopfes. Die Maschenzahl muß dann durch 28 teilbar sein, damit der Musterrapport aufgeht. Dazu kommt an jeder Seite 1 Randmasche.*

7. Reihe: *1 Randmasche, ∗*
2 Maschen rechts, 2 Maschen links,
3 Maschen auf einer Zopfmusternadel vor die Arbeit legen,
3 Maschen rechts, die 3 Maschen der Zopfmusternadel rechts,
2 Maschen links, 4 Maschen rechts,
2 Maschen links, 3 Maschen auf einer Zopfnadel hinter die Arbeit legen, 3 Maschen rechts, die
3 Maschen der Zopfnadel rechts,
2 Maschen links, 2 Maschen rechts,
ab ∗ fortlaufend wiederholen,
1 Randmasche.

Stricktechniken und technische Details

Aufheben einer Masche

Merkt man erst ein paar Reihen später, daß eine Masche von der Nadel gefallen ist, repariert man diesen Schaden mit einer Häkelnadel.
Man sticht in die gefallene Masche mit der Häkelnadel ein und häkelt aus jeweils einem waagerechten Faden eine Masche hoch, bis sie wieder auf die Stricknadel genommen werden kann. Bei einem Muster darauf achten, daß die Maschen entsprechend der Strickart hochgehäkelt werden (also linke Maschen links und rechte Maschen rechts).

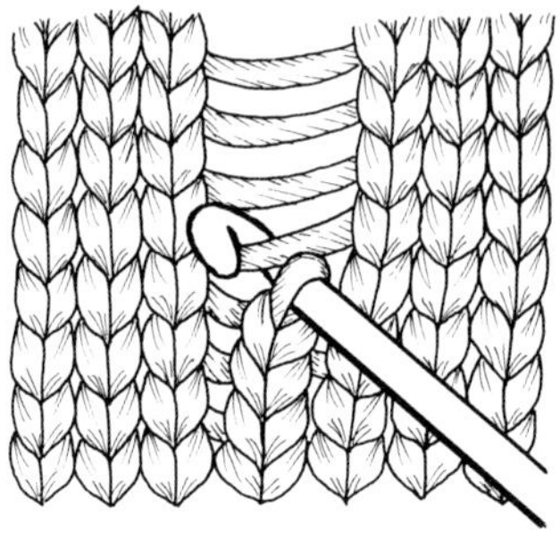

Hochgehäkelte Masche im rechten Muster.

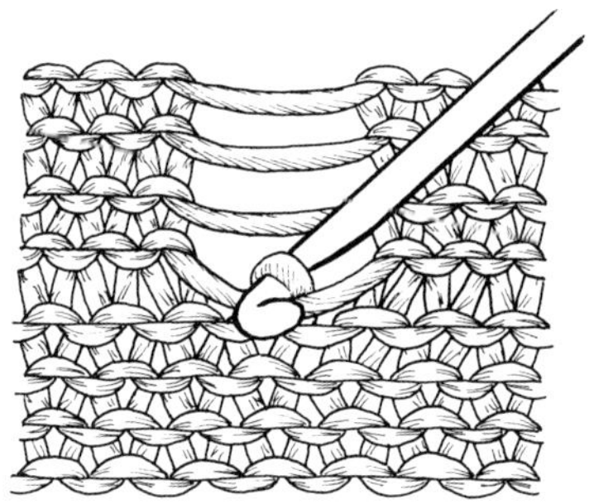

Hochgehäkelte Masche im linken Muster.

Maschen abketten

Wenn Sie ein Strickstück beenden wollen, müssen Sie die letzten Maschen abketten. Das geschieht, indem Sie eine Masche über die andere ziehen. Dafür zwei Maschen rechts stricken (sie liegen auf der rechten Nadel). Nun mit der linken Nadel die 1. Masche der rechten Nadel über die 2. Masche ziehen, wie es die Pfeilrichtung zeigt.
Danach eine weitere Masche stricken und die vorhergehende darüberziehen. In diesem Rhythmus alle Maschen abketten. Das Fadenende durch die letzte Masche ziehen und später vernähen.
In einer linken Reihe oder bei einem plastischen Muster werden alle Maschen so gestrickt, wie sie erscheinen (rechte Maschen rechts, linke Maschen links) und dann abgekettet.

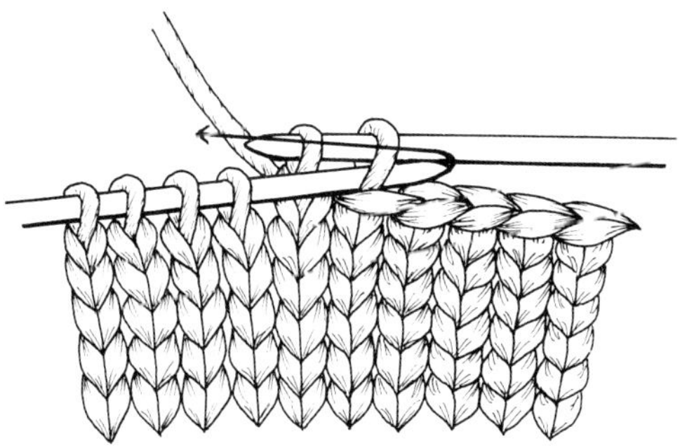

Abnehmen am rechten Rand

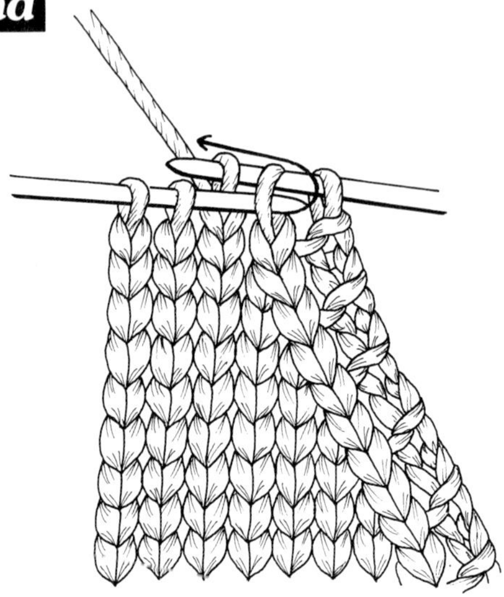

Soll ein Strickstück an der rechten Seite schmaler werden, nimmt man die Maschen gleich zu Beginn der Hinreihe ab: Die Randmasche rechts stricken, die darauffolgende Masche wie zum Rechtsstricken auf die rechte Nadel heben und die nächste Masche rechts arbeiten. Danach wird die abgehobene Masche über die gestrickte Masche gezogen. Den Rest der Hinreihe und die Rückreihe im Grundmuster weiterarbeiten.
Die Hin- und Rückreihe fortlaufend wiederholen.
Da nicht bei jedem Strickstück in jeder Hinreihe eine Masche abgenommen werden muß, können die Abnahmen auch in größeren Abständen erfolgen, zum Beispiel in jeder 2. oder 4. Hinreihe.

Abnehmen am linken Rand

Wenn man an der linken Seite eines Strickstückes Maschen abnehmen und einen sauberen Rand bekommen will, muß man am Ende einer Hinreihe die beiden letzten Maschen vor der Randmasche zusammenstricken: Die rechte Nadel sticht von vorne zuerst in die zweite, dann in die erste Masche auf der linken Nadel ein. Der Faden wird mit der rechten Nadel durch beide Maschen geholt, wie es die Pfeilrichtung zeigt. Beide Maschen gleiten von der linken Nadel: Übrig bleibt nur eine neue Masche auf der rechten Nadel. Die Randmasche rechts stricken. In der Rückreihe die Randmasche ebenfalls rechts stricken. Danach im Grundmuster weiterarbeiten. Die Hin- und Rückreihe fortlaufend wiederholen. Nicht bei jedem Strickteil wird in jeder Hinreihe eine Abnahme vorgenommen. Die Abstände können auch größer sein: Zum Beispiel nur jede 2. und 4. Hinreihe.

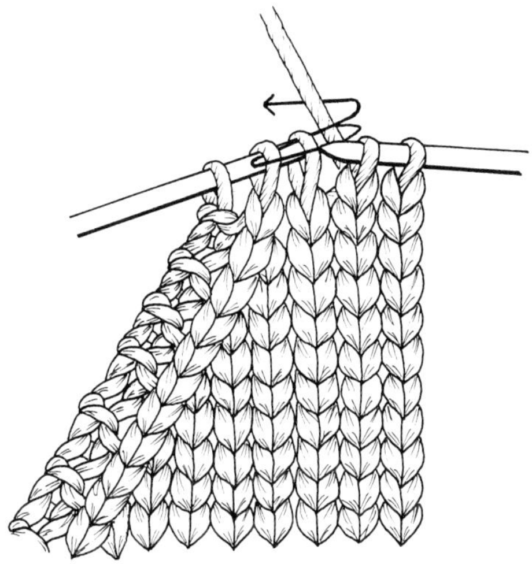

Zunahmen ohne Lochreihe

Zunahmen werden – im Gegensatz zu Abnahmen – am rechten und am linken Rand eines Strickstückes gleich gearbeitet. Die zusätzlichen Maschen gewinnt man durch Umschläge (Seite 28). Zunehmen kann man auf zwei Arten: mit schlichtem Rand (wie hier beschrieben) oder mit einer hübschen Lochreihe (nächste Seite).

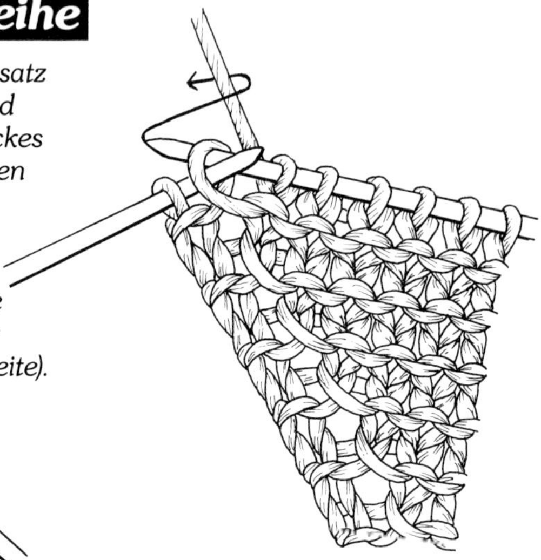

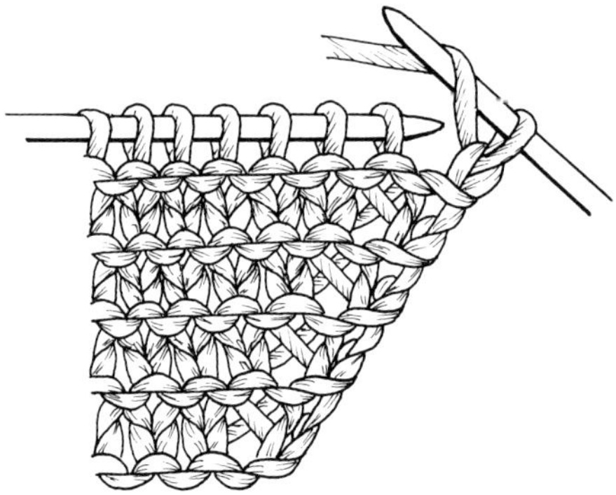

1. In der Hinreihe die Randmasche rechts stricken, danach den Faden als Umschlag von vorn nach hinten über die rechte Nadel legen und im Grundmuster weiterarbeiten.

2. In der Rückreihe den Umschlag **rechts verschränkt** *abstricken: Von hinten in den Umschlag einstechen und den Faden durchziehen, wie es die Pfeilrichtung zeigt. Den Umschlag von der linken Nadel gleiten lassen. Die neue Masche liegt auf der rechten Nadel. Die Hin- und Rückreihe fortlaufend wiederholen.*
Da nicht bei jedem Strickstück in jeder Hinreihe Maschen zugenommen werden müssen, können die Abstände auch größer sein: zum Beispiel in jeder 2. oder 4. Hinreihe.

Zunahmen mit Lochreihe

Zunahmen mit einer Lochreihe bilden eine Schmuckkante, die bei schlichten Strickmodellen wirkungsvoll eingesetzt werden kann. Die Löcher entstehen, weil die Umschläge – anders als bei den Zunahmen ohne Lochreihe – einfach als rechte Maschen abgestrickt werden.

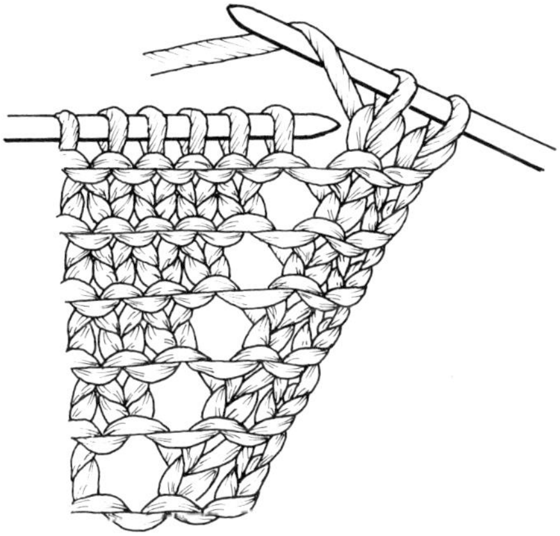

1. In der Hinreihe die Randmasche und die nächste Masche rechts stricken, dann den Faden von vorne nach hinten über die rechte Nadel legen und rechts weiterarbeiten.

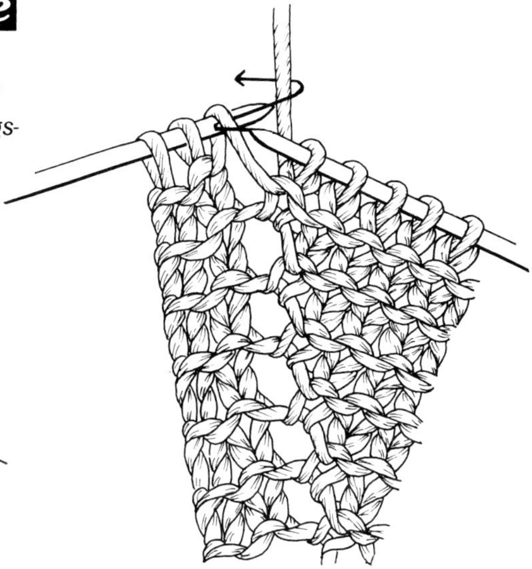

2. In der Rückreihe von vorn in den Umschlag einstechen und den Faden durchziehen, wie es die Pfeilrichtung zeigt. Den Umschlag von der linken Nadel gleiten lassen. Die neue Masche liegt auf der rechten Nadel, und es bildet sich ein Loch.

Waagerechter Halsausschnitt

Für einen waagerechten Halsausschnitt, den U-Boot-Ausschnitt, wird in einer Hinreihe die gewünschte Anzahl von Maschen abgekettet. Man schlägt sie in der Rückreihe über den abgeketteten Maschen wieder an und strickt wie gewohnt über die gesamte Maschenanzahl weiter.

Herausstricken von Maschen

Wenn man Blenden oder Bündchen nicht mitstricken kann (z. B. bei Rundungen oder einem V-Ausschnitt), werden sie nachträglich angestrickt. Dafür strickt man mit einer Stricknadel und passender Wolle aus den Kanten des Strickstückes neue Maschen heraus. Man sticht neben der Randmasche von vorne mit der Nadel in das Strickstück ein und holt den Faden durch, wie es die Pfeilrichtung zeigt. Diesen Vorgang bis zur gewünschten Maschenzahl wiederholen und in der 2. Reihe mit dem Muster beginnen.

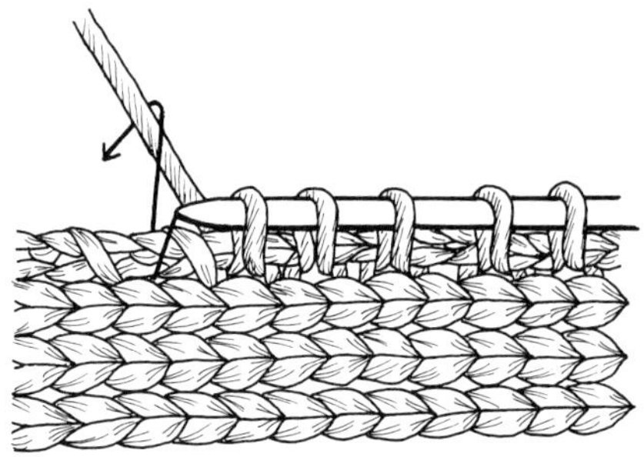

Blenden

Die einfachste Art, Jackenkanten hübsch in Form zu bringen, sind mitgestrickte Blenden. Man kann sie kraus rechts oder im Perlmuster arbeiten. Dadurch liegen die Kanten flach und rollen sich nicht um.

Runder Halsausschnitt mit Blende

Einen sauberen Abschluß am Ausschnitt ergibt eine Blende im Rippenmuster (2 Maschen rechts, 2 Maschen links im Wechsel). Man kann sie verschieden breit, einfarbig oder geringelt arbeiten. Strickt man genügend Maschen aus dem Ausschnitt heraus und verlängert das Rippenmuster auf ca. 25 cm, hat man einen üppigen Rollkragen. Die Blende für diesen Halsausschnitt kann auf einer Rundstricknadel in Runden gearbeitet werden oder in Hin- und Rückreihen mit einer Naht in der rückwärtigen Mitte.

V-Ausschnitt mit Blende

Die Blende für den V-Ausschnitt sieht am schönsten im Rippenmuster (2 Maschen rechts, 2 Maschen links im Wechsel) aus. Sie wird in Hin- und Rückreihen gearbeitet. Mit dem Herausstricken der Maschen beginnt man an der Spitze in der vorderen Mitte und geht über die eine Ausschnittseite, den rückwärtigen Halsausschnitt und die andere Ausschnittseite zurück zum Ausgangspunkt. Die Blende wird bis zur gewünschten Breite gestrickt, locker abgekettet, an der Spitze übereinandergelegt und unsichtbar festgenäht.

Zunehmen mehrerer Maschen an der Seite eines Strickstückes

Sollen mehrere Maschen auf einmal an einer Seite des Strickstückes zugenommen werden, so geht das nur am Ende einer Reihe, ohne den Faden abschneiden zu müssen. Für die neu anzuschlagenden Maschen den Faden in einer Schlinge um den linken Daumen legen. Die Nadel in der rechten Hand wird von unten nach oben durch die Schlinge geführt. Es entsteht eine neue Masche auf der rechten Nadel. Den Faden anziehen.

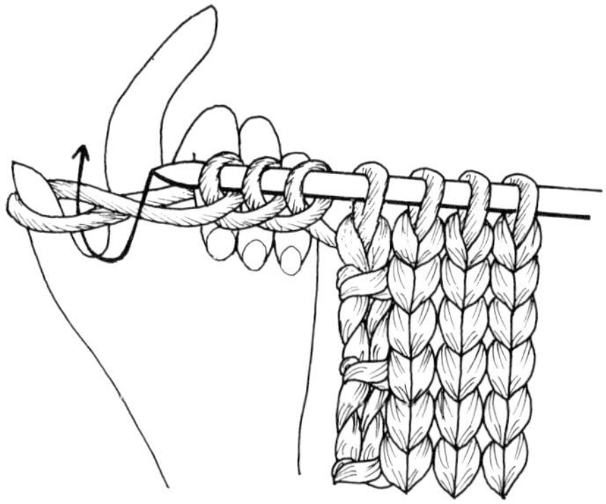

Abketten von Maschen innerhalb und am Rand eines Strickstückes

Bei runden und eckigen Halsausschnitten muß man mitten im Strickstück Maschen abketten. Dafür strickt man in einer Hinreihe im Grundmuster bis zum Anfangspunkt des Ausschnittes und legt diese Maschen still. Dann die erste und die zweite Masche stricken und die erste Masche über die zweite ziehen. Die dritte Masche stricken und die zweite über die dritte Masche heben und so weiter. Die Maschen locker abketten, damit der Ausschnitt elastisch wird.

Hat man genügend Maschen abgekettet, wird im Grundmuster weitergestrickt und zunächst das linke Teil vom Strickstück beendet. Anschließend arbeitet man an dem stillgelegten rechten Teil weiter, wobei man mit einer Rückreihe beginnen muß.
Am Rand eines Strickstückes (bei einem Armausschnitt zum Beispiel) wird stets am Anfang einer Reihe abgekettet: an der rechten Seite eines Strickstückes zu Beginn der Hinreihe, an der linken Seite zu Beginn der Rückreihe.

Anschlagreihe zur Runde schließen

Wird ein Strickstück mit einem Nadelspiel oder einer Rundnadel in Runden gearbeitet, muß die Anschlagreihe zur Runde geschlossen werden.

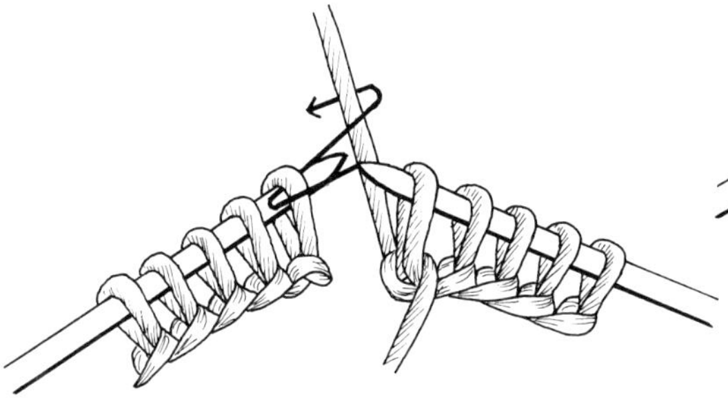

1. Dafür bringt man die erste und die zuletzt angeschlagene Masche zusammen. ***Achten Sie darauf, daß sich die Anschlagreihe auf der Nadel nicht verdreht!*** *Man kann den Fehler später nicht mehr korrigieren, sondern muß das ganze Strickstück auftrennen.*

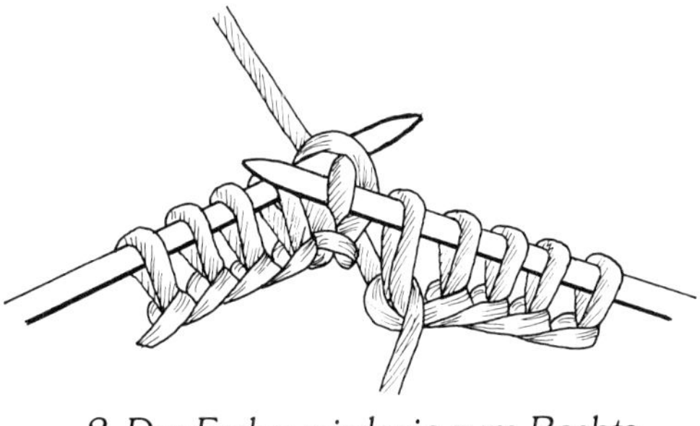

2. Der Faden wird wie zum Rechtsstricken mit der rechten Nadel durch die erste Anschlagmasche geholt.

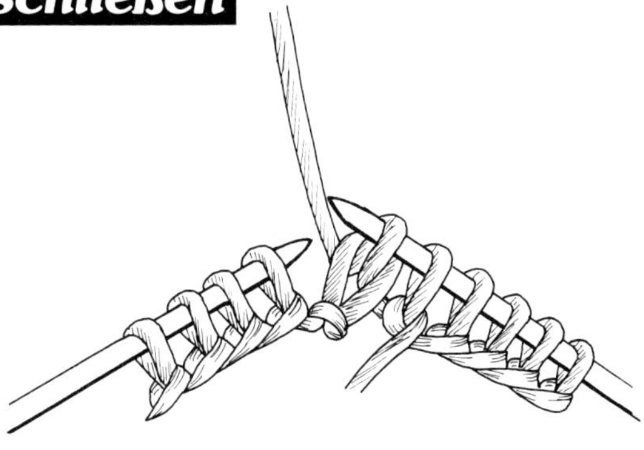

3. Die neue Masche gleitet auf die rechte Nadel. Dabei muß der Faden zwischen den beiden Maschen fest angezogen werden. Danach im gewünschten Muster stricken.

Eingestricktes Knopfloch

Für ein waagerecht eingestricktes Knopfloch kettet man in der Hinreihe die gewünschte Anzahl Maschen ab und schlägt sie in der Rückreihe über den abgeketteten Maschen wieder an. Die Maschenanzahl richtet sich nach der Größe des Knopfes.

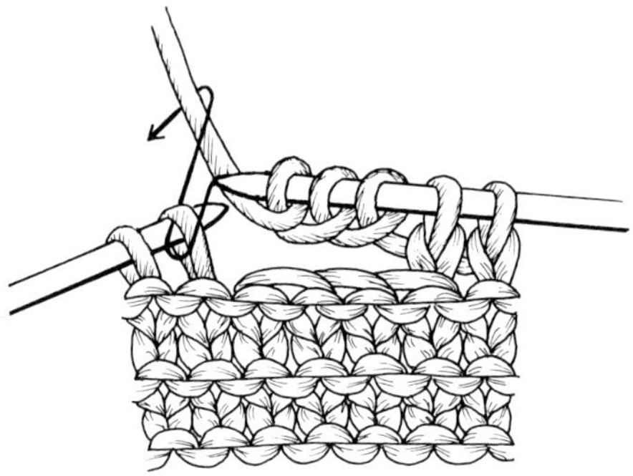

Zusammennähen von Strickteilen

Strickteile näht man von links mit überwendlichen Stichen zusammen. Zum Nähen nimmt man eine Sticknadel ohne Spitze, die man von rechts nach links unter den Randmaschen hindurchschiebt und so die Teile durch den locker angezogenen Faden zusammenhält.

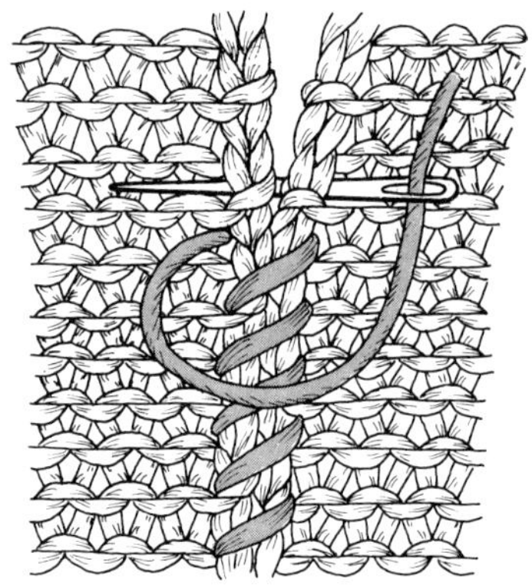

Einknüpfen von Fransen

Fransen können auf zweierlei Weise in ein Strickstück eingeknüpft werden.
Um nicht jede Franse abmessen zu müssen, wird die Wolle über ein Buch oder Heft, das die gewünschten Maße hat, gewickelt. Man schneidet die Fäden dann an einer Seite auf und bekommt so gleichlange Fäden. Für eine Franse nimmt man mehrere Fäden.

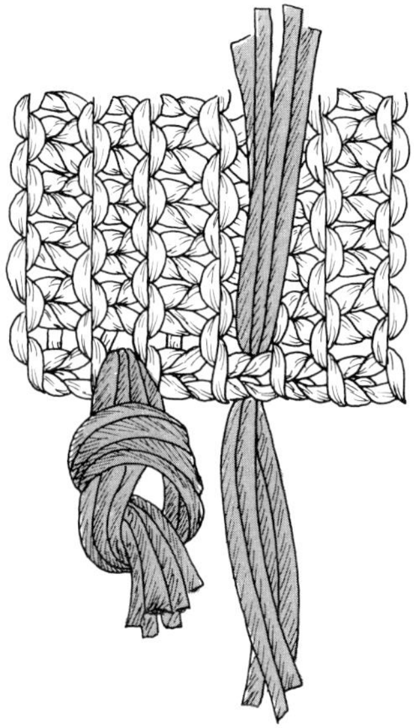

Fransen mit Knoten
Mit einer dicken Häkelnadel die Fransenfäden bis zur Hälfte durch das Strickstück ziehen, zusammenlegen und verknoten, wie es die Zeichnung zeigt.

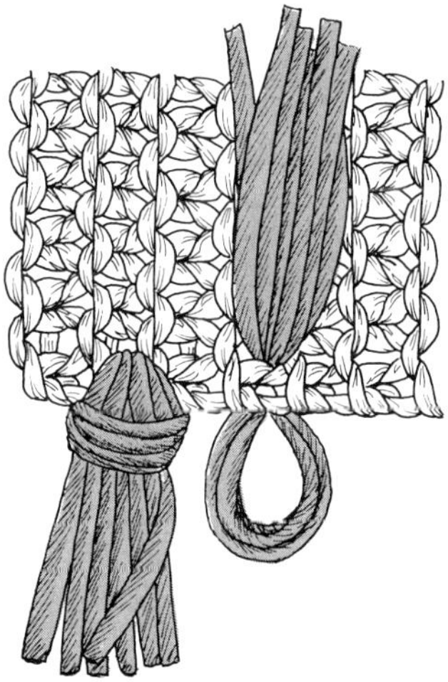

Fransen mit Schlinge
Mit einer dicken Häkelnadel von hinten nach vorne in das Strickstück stechen und die Fransenfäden so durchholen, daß eine Schlinge mit gleichlangen Fadenenden entsteht. Die Fransenenden durch die Schlinge führen und die Schlinge fest anziehen.

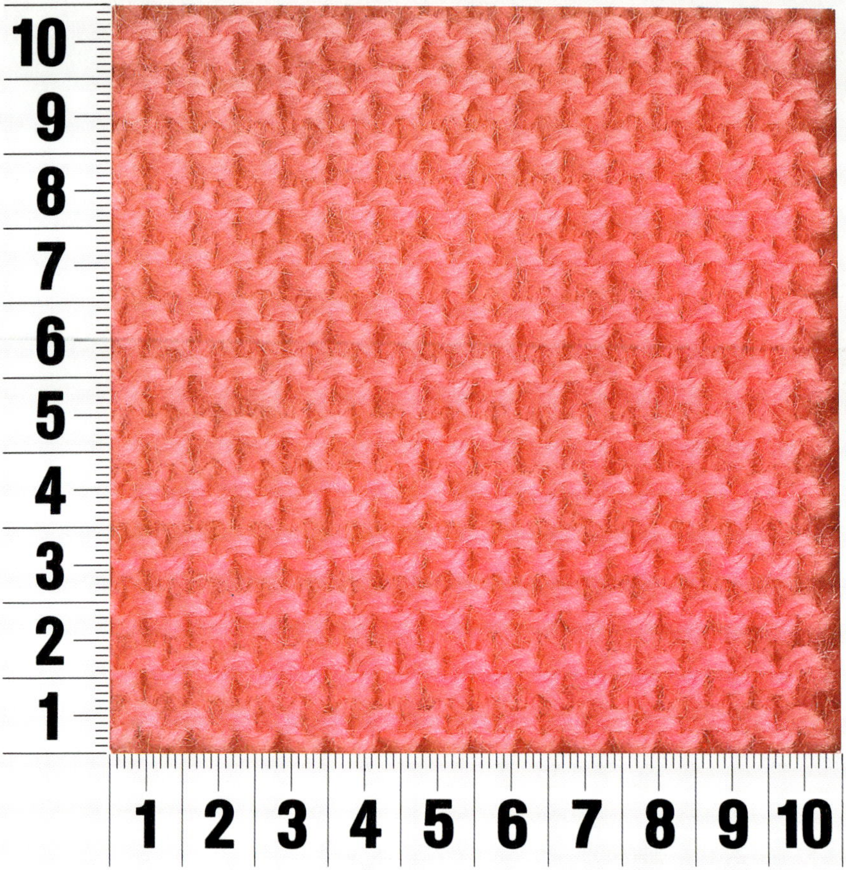

Maschenprobe

Vor dem Beginn des eigentlichen Strickens muß man unbedingt eine Maschenprobe von mindestens 10 cm im Quadrat anfertigen, um sie mit der angegebenen Probe in der Anleitung zu vergleichen. Nach den Anleitungen können Sie sich nur richten, wenn Sie das angegebene Material oder eine ebenso starke oder feine Wolle verwenden. Es ist wichtig die Maschenprobe im

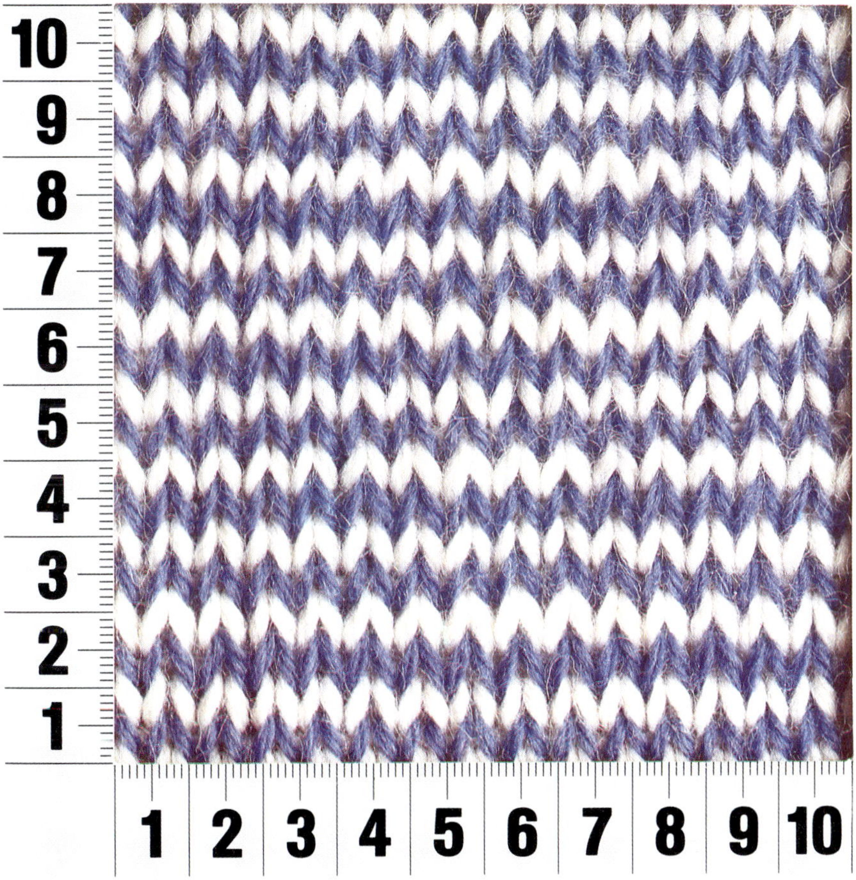

gleichen Muster wie das zu strickende Modell anzufertigen!
Die Wollstärken werden anhand der ***Lauflänge*** *(zum Beispiel 300 m/100 g) verglichen, die auf jeder Banderole eines Knäuels ausgedruckt ist.*
In den meisten Strickanleitungen (wie auch in diesem Buch) werden die Wollstärken so angegeben. Stimmen die Lauflänge und die Maschenprobe Ihrer Wolle mit der Anleitung überein, können Sie mit dem Stricken beginnen. Hat Ihre Maschenprobe zu viele Maschen, nehmen Sie eine halbe Nadelstärke größer. Hat die Maschenprobe zu wenig Maschen, stricken Sie mit einer Nadel, die eine halbe Nummer kleiner ist. Am Ende des Buches finden Sie den Vordruck eines Zählrahmens für Maschenproben.

Errechnen eines Schnittes

Wenn man die Anzahl der Maschen und Reihen bei einer Maschenprobe gezählt hat, kann man für jeden beliebigen Schnitt den Maschenanschlag errechnen.

Die Anzahl der Maschen für die Schnittbreite ergibt sich aus folgender Rechnung:

$$\frac{\text{(gewünschte Breite in Zentimetern)} \times \text{(Maschenzahl auf 10 cm)}}{\text{geteilt durch 10}}$$

Die Anzahl der Reihen für die Schnitthöhe ergibt sich aus dieser Rechnung:

$$\frac{\text{(gewünschte Höhe in Zentimetern)} \times \text{(Reihenzahl auf 10 cm)}}{\text{geteilt durch 10}}$$

Anhand dieser beiden Gleichungen kann man Anschlagmaschen, Reihenzahl sowie alle Zu- und Abnahmen innerhalb eines Strickstückes errechnen.

Rechenbeispiel:

Gewünschte Breite = 50 cm, Maschenprobe: 22 Maschen = 10 cm.

Man rechnet:

$$\frac{50 \times 22}{10} = 110 \text{ Anschlagmaschen.}$$

Gewünschte Höhe = 60 cm; Maschenprobe: 28 Reihen = 10 cm.
Man rechnet:

$$\frac{60 \times 28}{10} = 168 \text{ Reihen sind}$$

zu stricken.

Die Abnahmen für einen V-Ausschnitt errechnet man so:

$$\frac{\text{10 cm = halbe Ausschnittbreite} \times \text{22 Maschen}}{\text{geteilt durch 10}}$$

= 22 Abnahmemaschen

Diese verteilen sich auf eine Höhe von 25 cm:

$$\frac{\text{25 cm Ausschnitthöhe} \times \text{28 Reihen}}{\text{geteilt durch 10}}$$

= 70 Abnahmereihen

Die 22 Abnahmemaschen müssen auf 70 Reihen verteilt werden:

$$\frac{\text{70 Abnahmereihen}}{\text{geteilt durch 22 Abnahmemaschen}}$$

= in jeder 3. Reihe muß man eine Masche abnehmen (und das 22mal).

Nach dem gleichen Prinzip werden die Zunahmen für eine Ärmelschrägung berechnet.

Nach Schnitt spannen und dämpfen

Um eine schnittgerechte Form zu bekommen, müssen Strickteile vor dem Zusammennähen gespannt und leicht gedämpft werden. Fertigen Sie nach dem Schnittschema einen originalgroßen Papierschnitt an, und legen Sie ihn auf eine weiche Unterlage (Teppich, Bügeltisch). Das Strickstück mit der

linken Seite nach oben auflegen und genau auf den Schnitt stecken. Anschließend das Teil mit einem feuchten Tuch bedecken und mit einem warmen Bügeleisen vorsichtig darüberstreichen. Das Tuch entfernen und den Dampf abziehen lassen. Das Strickteil erst abnehmen, wenn es ganz trocken ist. Rippenmuster und plastische Muster dürfen nur wenig gespannt und gedämpft werden, da sonst die Flexibilität und Plastizität der Muster verlorengeht.

Strickmodelle

Gestreifter Schal

Ein leichtes Stück für Anfänger: Kraus rechts gestrickt ist dieser Schal, den Sie in Ihren Lieblingsfarben nachmachen können. Auch kunterbunte Wollreste lassen sich hübsch dafür verarbeiten.

Material: *Dünne Alpakawolle (Lauflänge 110 m/20 g), d. h. je 20 g in Oliv, Rot, Rost und Gelb, Stricknadeln Nr. 3.*
Grundmuster: *kraus rechts (Hinreihe rechts, Rückreihe rechts).*
Farbfolge: *∗ je 14 Reihen in Oliv, Rot, Rost und Gelb, ab ∗ stets wiederholen.*

Maschenprobe: *22 Maschen in der Breite und 42 Reihen in der Höhe ergeben 10 cm im Quadrat.*

Der fertige ***Schal*** *ist 20 cm breit und ca. 1,30 m lang. Dafür 44 Maschen in Oliv anschlagen und im Grundmuster in der angegebenen Farbfolge stricken bis das Material fast verbraucht ist. Mit dem restlichen Faden die Maschen abketten und den Endfaden vernähen.*

Naturfarbener Schal

Bei diesem Schal können Sie gleich sechs verschiedene plastische Muster anwenden. Naturwolle ist am besten dafür geeignet: Sie läßt sich leicht verarbeiten und bringt die Muster gut zur Geltung.

Material: 300 g naturfarbene Wolle mittlerer Stärke (Lauflänge 150 m/100 g), Stricknadeln Nr. 4,5.
Grundmuster I: 8 Reihen kraus rechts (Hinreihen rechts, Rückreihen rechts).
Grundmuster II: Perlmuster über 2 Reihen, **1. Reihe:** 1 Masche rechts, 1 Masche links im Wechsel.
2. Reihe: Die Maschen stricken, wie sie erscheinen, also rechte Maschen rechts, linke Maschen links.
3. Reihe: Wie die 1. Reihe, nur das Muster um 1 Masche versetzen, also über die rechten Maschen der Vorreihe linke Maschen, über die linken Maschen der Vorreihe rechte Maschen stricken.
4. Reihe: Die Maschen stricken, wie sie erscheinen. Die 1.–4. Reihe 1mal wiederholen, anschließend noch 1mal die 1. und 2. Reihe stricken.
Grundmuster III: Querstreifen. **1. Reihe:** links, **2. Reihe:** rechts, **3. und 4. Reihe:** links, **5. Reihe:** rechts, **6. und 7. Reihe:** links, **8. Reihe:** rechts, **9. und 10. Reihe:** links, **11. Reihe:** rechts, **12. und 13. Reihe:** links, **14. Reihe:** rechts, **15. Reihe:** links.
Grundmuster IV: Schrägstreifen, Maschenzahl teilbar durch 4.
1. Reihe: 2 Maschen links, 2 Maschen rechts im Wechsel,

(weiter Seite 88)

Das Schema zeigt das Maschenbild der rechten Seite. In den Rückreihen werden die rechts gezeichneten Maschen links und die links gezeichneten Maschen rechts gestrickt.
Die ungeraden Zahlen bezeichnen die Hinreihen, die geraden Zahlen die Rückreihen.
Randmaschen sind nicht eingezeichnet, sie werden immer rechts gestrickt.

☐ rechte Masche
☒ linke Masche

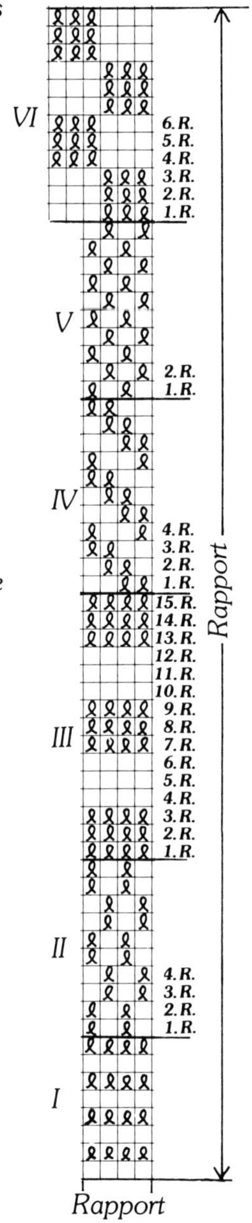

2. Reihe: *✱ 1 Masche rechts, 2 Maschen links, 1 Masche rechts, ab ✱ stets wiederholen,* ***3. Reihe:*** *2 Maschen rechts, 2 Maschen links im Wechsel,* ***4. Reihe:*** *✱ 1 Masche links, 2 Maschen rechts, 1 Masche links, ab ✱ stets wiederholen. Die 1.–4. Reihe 1mal wiederholen, anschließend noch 1mal von der 1.–3. Reihe stricken.*

Grundmuster V: *Perlmuster.* ***1. Reihe:*** *1 Masche rechts, 1 Masche links im Wechsel,* ***2. Reihe:*** *Wie die Vorreihe, nur das Muster um 1 Masche versetzen, also über die rechten Maschen linke Maschen, über die linken Maschen rechte Maschen stricken. Die 2. Reihe noch 8mal wiederholen.*

Grundmuster VI: *Schachbrettmuster, Maschenzahl teilbar durch 6.* ***1. Reihe:*** *3 Maschen links, 3 Maschen rechts im Wechsel.* ***2. und 3. Reihe:*** *Die Maschen stricken, wie sie erscheinen, rechte Maschen rechts, linke Maschen links.* ***4. Reihe:*** *Wie die 1. Reihe, nur das Muster um 3 Maschen versetzen, also über die rechten Maschen der Vorreihe linke Maschen, über die linken Maschen der Vorreihe rechte Maschen stricken.* ***5. und 6. Reihe:*** *Die Maschen stricken, wie sie erscheinen. Die 1.–6. Reihe 1mal wiederholen.*

Maschenprobe: *16 Maschen in der Breite und 25 Reihen in der Höhe ergeben 10 cm im Quadrat. Der fertige* ***Schal*** *ist 24 cm breit und 1,60 m lang. Dafür 38 Maschen anschlagen und die Grundmuster I–VI in der angegebenen Reihenfolge wie beschrieben stricken. Zusätzlich zum Grundmuster stets die erste und letzte Masche als Randmasche arbeiten. Das Schema zeigt das Maschenbild der rechten Seite. Wenn Sie nach dem Schema stricken, müssen Sie in den Rückreihen die rechts gezeichneten Maschen links und die links gezeichneten Maschen rechts arbeiten. Für die gesamte Länge des Schals strickt man 6mal das Grundmuster I–VI und noch 1mal das Grundmuster I. Die Maschen abketten.*

Zweifarbiger Angoraschal

Schnell fertig und einfach zu stricken: ein flauschiger Schal, für den Sie zwei Knäuel Angorawolle in zwei verschiedenen Rottönen brauchen. Gestrickt wird im Rippenmuster.

Material: *Je 20 g Angorawolle (Lauflänge 96 m/20 g) in Weinrot und Rosa, Stricknadeln Nr. 4.*

Grundmuster: *1 Masche rechts, 1 Masche links im Wechsel.*

Maschenprobe: *27 Maschen in der Breite und 28 Reihen in der Höhe ergeben 10 cm im Quadrat. Der* ***Schal*** *ist etwa 14 cm breit und 1 m lang. Dafür 36 Maschen in einer Farbe anschlagen und im Grundmuster gerade hochstricken, bis das 1. Knäuel verbraucht ist. Dann mit der 2. Farbe weiterstricken, bis die Wolle fast verbraucht ist, und mit dem Rest alle Maschen locker abketten.*

Weste aus geraden Teilen in Größe 40

Ideal für die ersten Strickerfahrungen: eine kraus rechts gestrickte Weste, die aus drei geraden Teilen besteht. Durch die etwas genoppte Naturwolle fallen kleine Unebenheiten beim Stricken nicht auf.

Material: *450 g naturfarbene Wolle (Lauflänge 100 m/50 g), Stricknadeln Nr. 4.*
Grundmuster: *kraus rechts (Hinreihen rechts, Rückreihen rechts).*
Maschenprobe: *18 Maschen in der Breite und 36 Reihen in der Höhe ergeben 10 cm im Quadrat.*
Rückenteil: *94 Maschen anschlagen und im Grundmuster gerade hochstricken. In 56 cm Gesamthöhe die Maschen abketten.*
Vorderteil: *47 Maschen anschlagen und im Grundmuster gerade hochstricken. In 56 cm Gesamthöhe die Maschen abketten. Das zweite Vorderteil genauso stricken.*
Ausarbeitung: *Die Seitennähte 34 cm hoch und die Schulternähte 16 cm breit zusammennähen.*

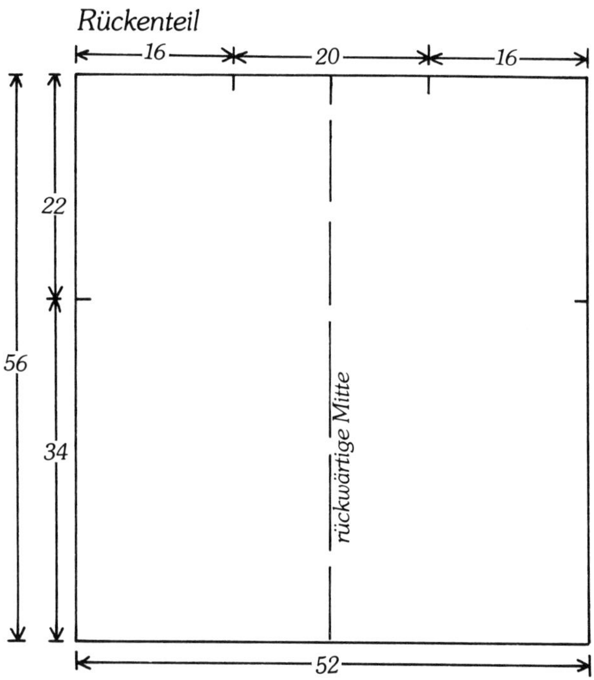

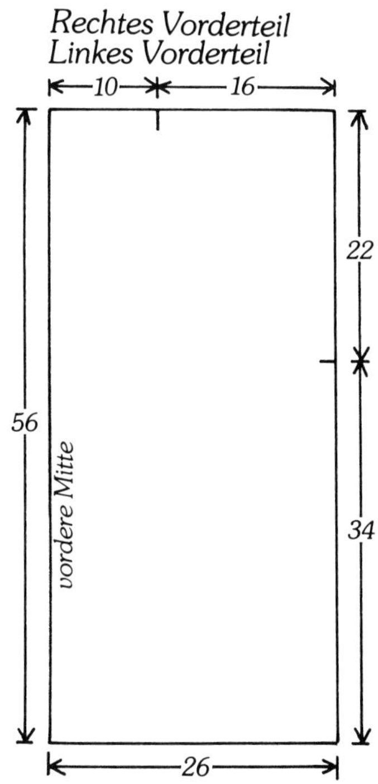

Teppich fürs Badezimmer

Ein großer Erfolg für Strickanfänger ist dieser rechteckige Teppich aus Topflappengarn. Damit der Teppich nicht zu dünn wird, strickt man ihn mit 6 Fäden und superdicker Rundstricknadel. Begonnen wird an einer Ecke, durch Zu- und Abnahmen ergibt sich die Form. Das Grundmuster ist Kraus rechts. Als Material eignen sich auch Reste, bei denen man mehrere Fäden zusammen verstrickt. Dieser Teppich paßt auch ins Kinderzimmer oder auf den Balkon.

Material: *1600 g naturfarbene Topflappenbaumwolle (Lauflänge 87 m/50 g), 1 Rundstricknadel Nr. 8.*
Grundmuster: *kraus rechts (Hinreihen rechts, Rückreihen rechts).*
Maschenprobe: Es wird mit 6-fachem Faden gearbeitet!
9 Maschen in der Breite und 17 Reihen in der Höhe ergeben 10 cm im Quadrat.

Der fertige ***Teppich*** *ist 60 cm x 95 cm groß. Er wird an einer Ecke begonnen. Man arbeitet mit einer Rundstricknadel, weil normale Stricknadeln für die benötigte Gesamtmaschenzahl zu kurz wären. Dafür mit 6-fachem Faden 3 Maschen anschlagen und in Hin- und Rückreihen im Grundmuster arbeiten. Dabei beidseitig Maschen zunehmen: In jeder Hinreihe nach der 1. und vor der letzten Masche 1 Umschlag aufnehmen. Diese Umschläge in den Rückreihen rechts verschränkt abstricken (Seite 68). Ist beidseitig eine Kantenlänge von 60 cm erreicht, wird mit den Abnahmen für eine Seitenkante begonnen: In allen Hinreihen strickt man jetzt die 2. und 3. letzte Masche rechts zusammen. An der anderen Seite wird weiter zugenommen. Ist hier eine Kantenlänge von 95 cm erreicht, beginnt man mit den Abnahmen für die obere Kante: In allen Hinreihen jetzt stets die 2. Masche abheben, die 3. Masche rechts stricken und die abgehobene Masche darüberziehen. Mit den letzten 5 Maschen wie folgt verfahren: Die 1. Masche abheben, die folgende Masche rechts stricken und die abgehobene Masche darüberziehen, 1 Masche rechts, die letzten 2 Maschen rechts zusammenstricken. In der nächsten Reihe die verbliebenen 3 Maschen gemeinsam abketten. Mit Nähgarn alle Anfangs- und Endfäden sorgfältig vernähen.*

Quergestrickter Mohairpullover in Größe 38

Von einem Ärmel zum anderen in einem Stück gestrickt ist dieser flauschige Mohairpullover. Die gerade Form mit Schlitz am Ausschnitt und das einfache Strickmuster machen wenig Arbeit.

Material: *250 g rosa Mohairwolle (Lauflänge 125 m/50 g), 1 Rundstricknadel Nr. 6.*
Grundmuster: *kraus rechts (Hinreihen rechts, Rückreihen rechts).*
Maschenprobe: *14 Maschen in der Breite und 24 Reihen in der Höhe ergeben 10 cm im Quadrat.*

Der ***Pullover*** *wird in einem Stück quer gestrickt. Man arbeitet mit einer Rundstricknadel, weil normale Stricknadeln für die benötigte Gesamtmaschenzahl zu kurz wären. Es wird an einem Ärmel begonnen. Dafür 68 Maschen anschlagen und in Hin- und Rückreihen im Grundmuster gerade hoch arbeiten. In 40 cm Gesamthöhe für das Rücken- und das Vorderteil beidseitig je 50 Maschen*

(weiter Seite 96)

Vorderteil und Rückenteil mit Ärmel

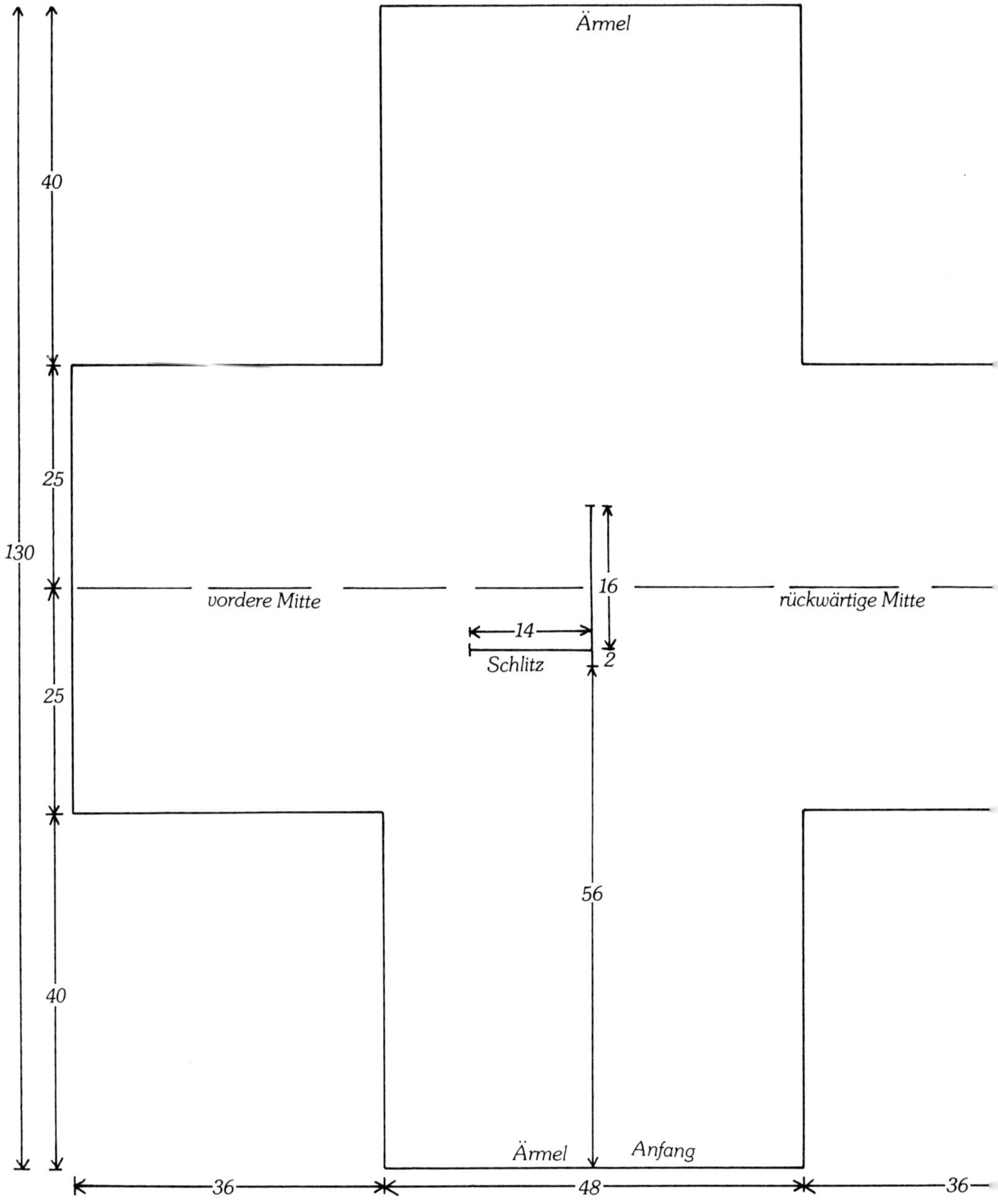

dazu anschlagen. Es sind jetzt 168 Maschen auf der Nadel. Gerade weiterstricken. In 56 cm Gesamthöhe das Strickstück für den Halsausschnitt in der Mitte teilen: 84 Maschen für das Vorderteil auf einer Hilfsnadel stillegen, mit den übrigen 84 Maschen zunächst den Rücken weiterstricken. In 74 cm Gesamthöhe die Maschen des Rückenteils stillegen und das Vorderteil bis 58 cm Gesamthöhe weiterstricken. Dann für den Ausschnittschlitz 20 Maschen abketten und in der folgenden Reihe wieder dazu anschlagen. Anschließend bis 74 cm Gesamthöhe weiterstricken und die stillgelegten Maschen des Rückenteils wieder mit auf die Nadel nehmen. Achtung! Beim Vorderteil muß die gleiche Musterreihe wie beim Rückenteil erreicht sein, damit sich das Muster über die gesamte Breite richtig fortsetzt. Nun mit allen Maschen weiterarbeiten. In 90 cm Gesamthöhe beidseitig die 50 Maschen des Rücken- und des Vorderteils abketten. Mit den mittleren 68 Maschen den zweiten Ärmel gerade weiterstricken. In 130 cm Gesamthöhe die Maschen abketten.

Ausarbeitung: *Die Ärmel- und Seitennähte schließen.*

Topflappen

Topflappen sind wunderbar zum Üben! Dabei können Sie ein Meister im Musterstricken werden und zudem noch Ihre Küche (oder die von Freunden) verschönern. Stimmen Sie die Farben passend zur Einrichtung ab. Die Topflappen sind 18 mal 18 cm groß und aus doppelt genommener Baumwolle in verschiedenen, plastischen Mustern gestrickt.

Material: Je 50 g Topflappen-Baumwolle in Weiß, Rot und Pink (reichen für alle 4 Topflappen), Stricknadeln Nr. 5.
Grundmuster I: Es wird mit doppeltem Faden gearbeitet!
Kraus rechts (Hinreihen rechts, Rückreihen rechts).
Grundmuster II: Es wird mit doppeltem Faden gearbeitet!
Schachbrettmuster. Damit der Musterrapport aufgeht, muß die Maschenzahl durch 8 teilbar sein. Dazu kommt an jeder Seite 1 Randmasche, die immer rechts gestrickt wird.
1. Reihe: 1 Randmasche * 4 Maschen rechts, 4 Maschen links, ab * fortlaufend wiederholen, 1 Randmasche.
2.–5. Reihe: 1 Randmasche, danach die Maschen stricken, wie sie erscheinen, also rechte Maschen rechts, linke Maschen links, 1 Randmasche.
6. Reihe: 1 Randmasche und dann wie die 1. Reihe, nur das Muster um 4 Maschen versetzen: * 4 Maschen links, 4 Maschen rechts, ab * fortlaufend wiederholen, 1 Randmasche.
7.–10. Reihe: 1 Randmasche, dann die Maschen stricken, wie sie erscheinen, also rechte Maschen rechts und linke Maschen links, 1 Randmasche. Die 1.–10. Reihe noch 2mal wiederholen.

Anleitung für den gestreiften Topflappen
22 Maschen mit doppeltem Faden in Rot anschlagen und im Grundmuster I arbeiten. Es werden jeweils 6 Reihen in Rot, Pink, Weiß, Rot, Pink und Weiß gestrickt (die Farbwechsel finden immer in einer Hinreihe statt), die Maschen abketten. Für den Aufhänger einen 20 cm langen Zopf mit doppeltem Faden flechten, an einer Ecke durch eine Masche ziehen und beide Enden miteinander verknoten.

Anleitung für den pinkfarbenen Topflappen
22 Maschen mit doppeltem Faden in Pink anschlagen und zunächst 6 Reihen im Grundmuster I arbeiten.

(weiter Seite 100)

In weiteren 18 Reihen beidseitig die äußeren 5 Maschen im Grundmuster I, die mittleren 12 Maschen glatt rechts (Hinreihen rechts, Rückreihen links) stricken. Anschließend nochmals 6 Reihen über alle 22 Maschen im Grundmuster I arbeiten, die Maschen abketten. Für den Aufhänger einen 20 cm langen Zopf mit doppeltem Faden flechten, an einer Ecke durch eine Masche ziehen und beide Enden miteinander verknoten.

Anleitung für den rot/ pinkfarbenen Topflappen
Dieser Topflappen wird schräg gestrickt und an einer Ecke begonnen. Dafür 3 Maschen mit doppeltem Faden in Rot anschlagen und im Grundmuster I arbeiten. Dabei für die quadratische Form Maschen zunehmen: In jeder Hinreihe nach der 1. Masche und vor der letzten Masche einen Umschlag aufnehmen. Die Umschläge werden in den folgenden Rückreihen rechts verschränkt abgestrickt. Sind 31 Maschen auf der Nadel, arbeitet man in Pink weiter und beginnt, Maschen abzunehmen. Jetzt in jeder Hinreihe die 1. Masche abheben, die 2. Masche rechts stricken und die abgehobene Masche darüberziehen, die letzten 2 Maschen der Reihe rechts zusammenstricken. Dann die letzten 3 Maschen abketten. Für den Aufhänger einen 20 cm langen Zopf mit doppeltem Faden flechten, an einer Ecke durch eine Masche ziehen und beide Enden miteinander verknoten.

Anleitung für den weißen Topflappen
26 Maschen mit doppeltem Faden in Weiß anschlagen und im Grundmuster II arbeiten, bis der Topflappen 18 cm hoch ist. Die Maschen abketten. Für den Aufhänger einen 20 cm langen Zopf mit doppeltem Faden flechten, an einer Ecke durch eine Masche ziehen und beide Enden miteinander verknoten.

Grauer Rippenpullover in Größe 40

Sportlich und rustikal wirkt dieser Pullover aus dicker Naturwolle. Er wird in einem Stück von hinten nach vorn gestrickt und hat einen geraden U-Boot-Ausschnitt. Das Rippenmuster ist ganz einfach: eine Masche rechts, eine Masche links.

Material: *600 g graue Wolle mittlerer Stärke (Lauflänge 100 m/50 g) 1 Rundstricknadel Nr. 5.*
Grundmuster: *Rippenmuster;*
1. Reihe: *1 Masche rechts, 1 Masche links im Wechsel.* ***2. und jede weitere Reihe:*** *Die Maschen stricken, wie sie erscheinen, rechte Maschen rechts, linke Maschen links.*
Maschenprobe: *17 Maschen in der Breite und 23 Reihen in der Höhe ergeben 10 cm im Quadrat.*

(weiter Seite 103)

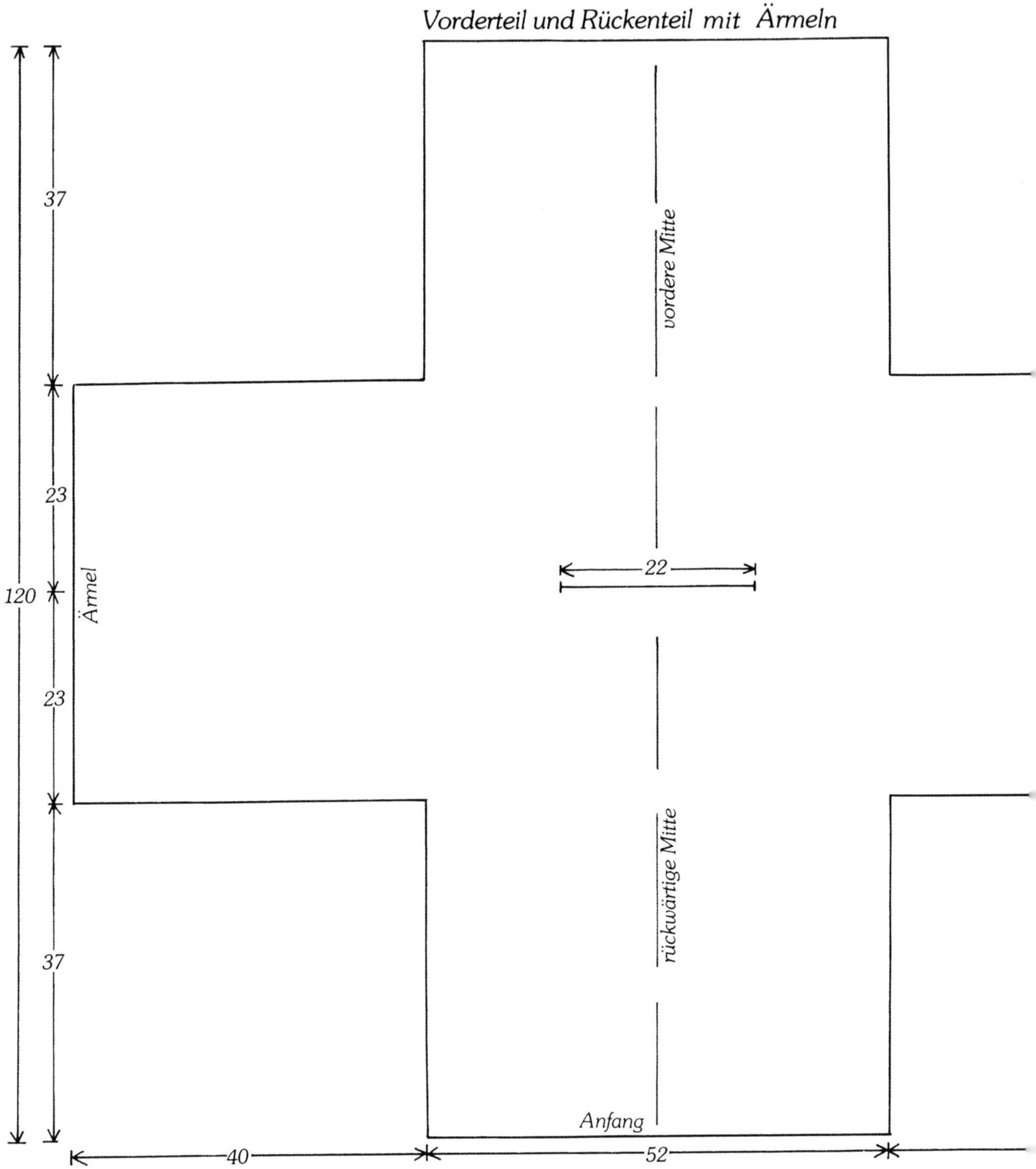
Vorderteil und Rückenteil mit Ärmeln
vordere Mitte
rückwärtige Mitte
Ärmel
Anfang
37
23
23
37
120
22
40
52

*Der **Pullover** wird in einem Stück gestrickt. Man arbeitet mit einer Rundstricknadel, weil normale Stricknadeln für die benötigte Gesamtmaschenzahl zu kurz wären. Begonnen wird an der rückwärtigen unteren Kante. Dafür 88 Maschen anschlagen und in Hin- und Rückreihen im Grundmuster gerade hocharbeiten. In 37 cm Gesamthöhe für die Ärmel beidseitig je 68 Maschen dazu anschlagen. Es sind jetzt 224 Maschen auf der Nadel. Gerade weiterstricken. In 60 cm Gesamthöhe ist die Schulterlinie erreicht. Hier für den rückwärtigen Halsausschnitt die mittleren 38 Maschen abketten, d.h. 93 Maschen stricken, 38 Maschen abketten, 93 Maschen stricken. Den Pullover gegengleich beenden. Dafür in der folgenden Reihe für den vorderen Halsausschnitt die abgeketteten Maschen neu anschlagen und mit allen 224 Maschen weiterstricken. In 83 cm Gesamthöhe für die Ärmel beidseitig je 68 Maschen abketten. Mit den mittleren 88 Maschen gerade weiterstricken. In 120 cm Gesamthöhe die Maschen abketten.*

***Ausarbeitung:** Die Ärmel- und Seitennähte schließen.*

Pinkfarbenes Dreieckstuch

Dieses kleine Halstuch ist eine hübsche Ergänzung zu Pullis und Blusen. Es wird kraus rechts gestrickt und ist schnell fertig. Das Baumwollgarn gibt es in vielen schönen Farben, so daß Sie sich gleich mehrere Tücher stricken können.

Material: *100 g pinkfarbenes Baumwoll-Cablégarn (Lauflänge 175 m/50 g), Stricknadeln Nr. 7.*
Grundmuster: *kraus rechts (Hinreihen rechts, Rückreihen rechts).*
Maschenprobe: Es wird mit doppeltem Faden gearbeitet! *14 Maschen in der Breite und 24 Reihen in der Höhe ergeben 10 cm im Quadrat.*

Das fertige ***Tuch*** *ist von der Spitze bis zur oberen Kante ca. 39 cm hoch und an der oberen Kante ca. 75 cm breit. Es wird an der unteren Spitze begonnen. Dafür 3 Maschen mit doppeltem Faden anschlagen und im Grundmuster arbeiten. Dabei für die Dreiecksform wie folgt Maschen zunehmen: In jeder Hinreihe nach der 1. und vor der letzten Masche 1 Umschlag aufnehmen. Die Umschläge in den Rückreihen rechts verschränkt abstricken. So weit arbeiten, bis fast das ganze Material verbraucht ist. Mit dem restlichen Faden die Maschen locker abketten.*

Längsgestreiftes Dreieckstuch

Durch Größe und Garn paßt dieses Schultertuch gut zu Jacken und Mänteln. Es wird aus noppigem Leinengarn kraus rechts gestrickt und an einer oberen Ecke begonnen. Die drei sanften Farben lassen sich vielseitig kombinieren.

Material: *Je 100 g Leinengarn in Petrol, Lila und Khaki (Lauflänge 125 m/50 g), Stricknadeln Nr. 6.*

Grundmuster: *kraus rechts (Hinreihen rechts, Rückreihen rechts).*

Maschenprobe: *13 Maschen in der Breite und 21 Reihen in der Höhe ergeben 10 cm im Quadrat.*

Das fertige **Tuch** *ist von der Spitze bis zur oberen Kante ca. 90 cm hoch und an der oberen Kante ca. 2 m breit. Es wird quer gestrickt und an einer der beiden oberen Ecken begonnen. Dafür 3 Maschen in Petrol anschlagen und im Grundmuster arbeiten. Dabei für die Spitze an einer Seite ständig Maschen zunehmen: In jeder Hinreihe (beginnend in der 3. Reihe) nach der 1. Masche 1 Umschlag aufnehmen und diese in den folgenden Rückreihen rechts verschränkt abstricken. So weiterarbeiten, bis das petrolfarbene Garn verbraucht ist, dann das lila Garn in 2 gleiche Hälften teilen. Mit der 1. Hälfte weiterstricken (wie gewohnt zunehmen), bis das Garn verbraucht ist. Nun ist die größte Breite erreicht. Jetzt mit der 2. Hälfte des lilafarbenen Garns weiterarbeiten und Maschen abnehmen: In jeder Hinreihe die 2. und 3. Masche rechts zusammenstricken. Außerdem nach gleich vielen Reihen in Lila (wie bei der ersten Hälfte) mit dem khakifarbenen Garn weiterstricken. Die letzten 3 Maschen abketten und die Fäden vernähen.*

Quergestreiftes Dreieckstuch

Weiche Alpakawolle in drei wunderschönen Farben macht dieses große Umschlagtuch leicht, warm und dazu vielseitig tragbar. Es wird kraus rechts gestrickt und hat an den Seiten dekorative Lochkanten. Einen schönen Rahmen bilden die langen eingeknüpften Fransen.

Material: Insgesamt 450 g Alpakawolle mittlerer Stärke (Lauflänge 100 m/50 g) je 150 g in Lila, Petrol und Altrosa, 1 Rundstricknadel Nr. 5.
Grundmuster: kraus rechts (Hinreihen rechs, Rückreihen rechts).
Farbfolge: * je 14 Reihen in Lila, Petrol und Altrosa, ab * fortlaufend wiederholen.
Maschenprobe: 16 Maschen in der Breite und 31 Reihen in der Höhe ergeben 10 cm im Quadrat.

Das fertige **Tuch** ist – ohne Fransen – von der Spitze bis zur oberen Kante 76 cm hoch. Die obere Kante ist 1,60 m breit. Man arbeitet mit einer Rundstricknadel, weil normale Stricknadeln für die benötigte Gesamtmaschenzahl zu kurz wären. Begonnen wird an der unteren Spitze. Dafür 3 Maschen in Lila anschlagen und in Hin- und Rückreihen im Grundmuster in der angegebenen Farbfolge arbeiten. Dabei sofort mit den Zunahmen beginnen: Bereits in der 1. Reihe und in weiteren 4 Hinreihen vor und nach der mittleren Masche je 1 Umschlag aufnehmen. Diese Umschläge in den Rückreihen rechts abstricken, bis 13 Maschen auf der Nadel sind. Jetzt in allen weiteren Hinreihen immer nach der 5. Masche und vor der 5. letzten Masche 1 Umschlag aufnehmen (nicht mehr wie bisher vor und nach der Mittelmasche) und den Umschlag in den Rückreihen rechts abstricken. In 76 cm Gesamthöhe (nach dem 17. Farbstreifen) die Maschen abketten.
Fransen einknüpfen: In jeden Streifen beidseitig je 6 Fransen in der entsprechenden Farbe einknüpfen (Seite 77). Für eine Franse werden jeweils 2 Fäden, 40 cm lang, zugeschnitten.

Mohairpullover mit V-Ausschnitt in Größe 38

Dieser Pullover mit V-Ausschnitt kommt nie aus der Mode – ein echter Klassiker. Wie die Blenden für einen solchen Ausschnitt gestrickt werden, sehen Sie auf Seite 73. Statt Mohairwolle (wie hier angegeben) können Sie auch mittelstarke glatte Wolle für diesen Pulli nehmen.

Material: *Je 150 g khakifarbene und blaue Mohairwolle (Lauflänge 125 m/50 g), Stricknadeln Nr. 5 und Nr. 6.*
Grundmuster: *glatt rechts (Hinreihen rechts, Rückreihen links).*
Farbfolge: *Je 13 Reihen Blau und Khaki im Wechsel.*
Maschenprobe: *14 Maschen in der Breite und 19 Reihen in der Höhe ergeben 10 cm im Quadrat.*

Rückenteil: *70 Maschen mit Nadel Nr. 5 in Khaki anschlagen und zunächst das Bündchen 6 cm im Rippenmuster (2 Maschen rechts, 2 Maschen links im Wechsel) arbeiten. Dann mit Nadel Nr. 6 im Grundmuster noch 3 Reihen in Khaki weiterstricken. Anschließend in der angegebenen Farbfolge weiterarbeiten. Dabei stets die 1. und letzte Masche als Randmasche stricken.*
In 58 cm Gesamthöhe (es ist ein halber Farbstreifen erreicht) die Maschen abketten.
Vorderteil: *70 Maschen anschlagen und bis 36 cm Gesamthöhe genau wie das Rückenteil stricken. Dann für den vorderen*

(weiter Seite 112)

Halsausschnitt die Maschenzahl zur Hälfte teilen: 35 Maschen auf einer Hilfsnadel oder einem Maschenraffer stillegen. Mit den anderen 35 Maschen eine Schulter beenden. Dabei für die Ausschnittschrägung 12mal abwechselnd in jeder 2. und 4. Reihe 1 Masche abnehmen. In 58 cm Gesamthöhe (es ist die gleiche Reihenzahl wie beim Rückenteil erreicht) die restlichen 23 Maschen abketten. Nun die zweite Schulter gegengleich beenden.

Ärmel: *42 Maschen mit Nadel Nr. 6 in Khaki anschlagen und in Hin- und Rückreihen die Blende 3 cm breit kraus rechts stricken. Dann im Grundmuster weiterarbeiten: Noch 10 Reihen in Khaki, anschließend in der angegebenen Farbfolge weiterstricken. Dabei für die Ärmelweite 10mal abwechselnd in jeder 4. und 6. Reihe beidseitig je 1 Masche zunehmen, bis 62 Maschen auf der Nadel sind. In 34 cm Gesamthöhe die Maschen nach der 13. Reihe*

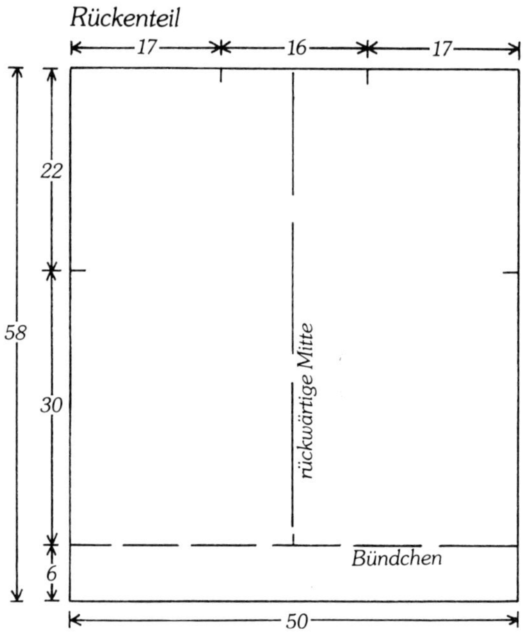

einer Farbe abketten. Den zweiten Ärmel genauso stricken.

Ausarbeitung: *Die Teile von links schnittgemäß spannen und vorsichtig dämpfen. Die Schulter-, Seiten- und Ärmelnähte schließen. Die Ärmel einnähen. Für die Blende aus dem Halsausschnitt insgesamt 82 Maschen mit Nadel Nr. 5 in Blau herausstricken. Begonnen wird in der vorderen Mitte: An einer Seite des Halsausschnittes 28 Maschen herausstricken, am rückwärtigen Halsausschnitt 26 Maschen und an der anderen Seite des vorderen Halsausschnittes wieder 28 Maschen herausstricken. Dann in Hin- und Rückreihen 2 cm im Rippenmuster (2 Maschen rechts, 2 Maschen links im Wechsel) arbeiten und die Maschen abketten. Die Blende in der vorderen Mitte übereinanderlegen und die schmalen Kanten unsichtbar fest-nähen.*

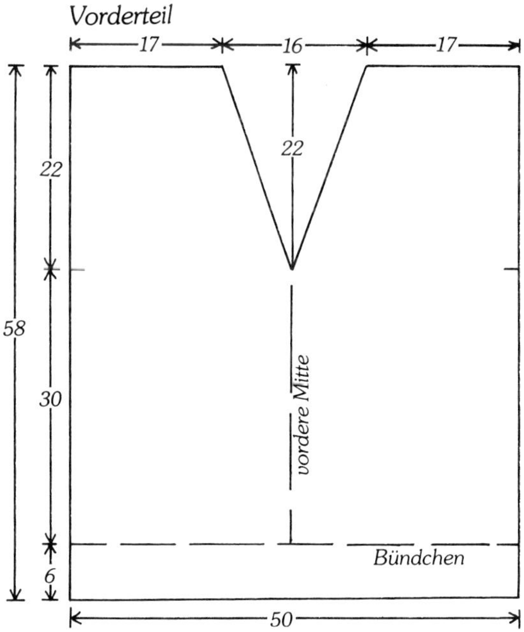

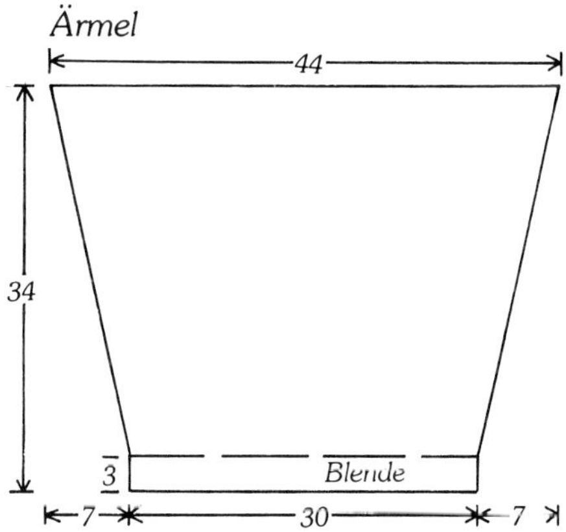

Pullover mit U-Boot-Ausschnitt in Größe 40

Bequem zu stricken und zu tragen: ein gerader Pullover mit langgestrecktem U-Boot-Ausschnitt. Die schlichte Strickart (glatt rechts) bekommt durch die körnige Bouclé-wolle eine hübsche Struktur, bei der kleine Strickfehler nicht auffallen. Wie man die Knopflöcher für den Verschluß auf der Schulter arbeitet, sehen Sie auf Seite 76.

Material: *450 g rote Bouclêwolle (Lauflänge 89 m/50 g), Stricknadeln Nr. 4 und Nr. 5 sowie 4 flache Metallknöpfe.*
Grundmuster: *glatt rechts (Hinreihen rechts, Rückreihen links).*

Maschenprobe: *15 Maschen in der Breite und 26 Reihen in der Höhe ergeben 10 cm im Quadrat.*

Rückenteil: *78 Maschen mit Nadel Nr. 4 anschlagen und das Bündchen 6 cm hoch im Rippenmuster (2 Maschen rechts, 2 Maschen links im Wechsel) stricken. Dann im Grundmuster mit Nadel Nr. 5 gerade weiterarbeiten, dabei stets die 1. und die letzte Masche als Randmasche arbeiten. In 57 cm Gesamthöhe die Ausschnitt-*

(weiter Seite 116)

blende kraus rechts (Hinreihe rechts, Rückreihe rechts) weiterstricken. In 60 cm Gesamthöhe für die rechte Schulter und den Halsausschnitt 55 Maschen abketten. Mit den restlichen 23 Maschen der linken Schulter für den Untertritt (unterer Teil des Knopfverschlusses) weitere 3 cm kraus rechts stricken und die Maschen abketten.

Vorderteil: 72 Maschen anschlagen und bis 57 cm Gesamthöhe genau wie das Rückenteil stricken. Dann die Ausschnittblende kraus rechts weiterarbeiten. Dabei in 58,5 cm Gesamthöhe für den Verschluß auf der linken Schulter 4 Knopflöcher einarbeiten: Jeweils 3 Maschen stricken, 2 Maschen abketten und diese in der Rückreihe wieder anschlagen. In 60 cm Gesamthöhe die Maschen abketten.

Ärmel: 46 Maschen mit Nadel Nr. 5 anschlagen und in Hin- und

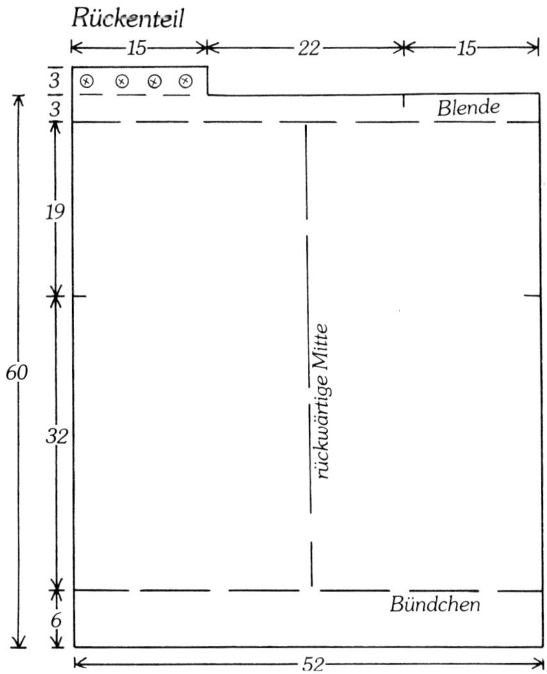

Rückreihen die Blende 3 cm kraus rechts arbeiten. Dann im Grundmuster weiterstricken. Dabei für die Ärmelweite 11mal abwechselnd in jeder 6. und 8. Reihe beidseitig je 1 Masche zunehmen, bis 68 Maschen auf der Nadel sind. In 34 cm Gesamthöhe die Maschen abketten. Den zweiten Ärmel genauso stricken.

***Ausarbeitung:** Die Teile von links schnittgemäß spannen und vorsichtig dämpfen. Die rechte Schulternaht 15 cm zusammennähen. Die Seiten- und Ärmelnähte schließen, die Ärmel einnähen und die Knöpfe annähen.*

Vorderteil

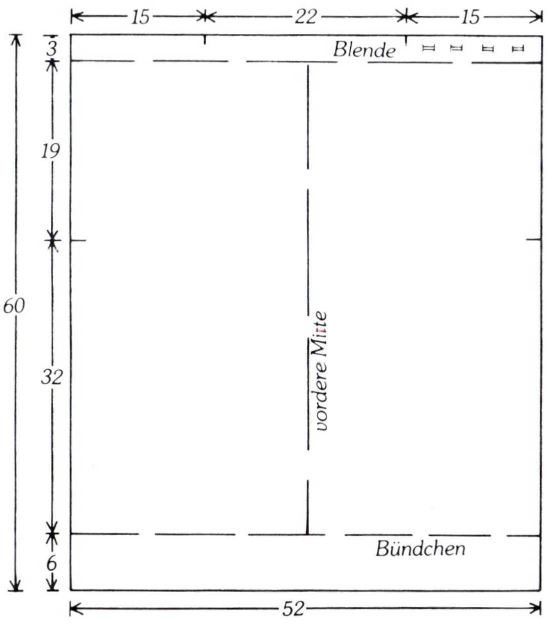

Ärmel

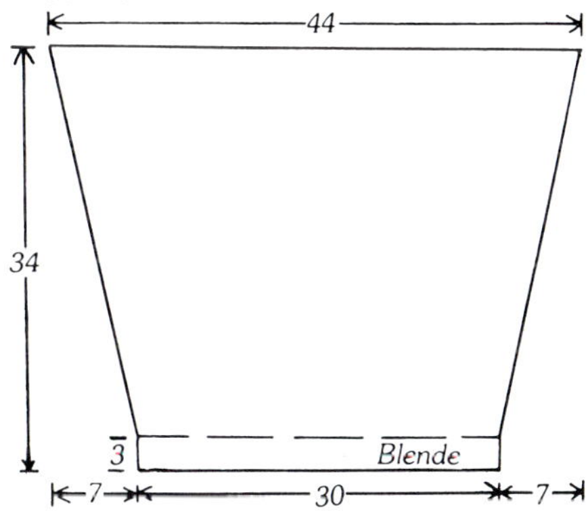

Kissen

Schmuckstücke für Ihre Wohnung sind diese Seiden- und Lurexkissen. Hier können Sie plastische Muster üben oder einfach nur kraus rechts in bunten Ringeln stricken. Die fertigen Kissenbezüge sind 38 x 38 cm groß.

Kissen mit Rhombenmuster
Material: *300 g messingfarbenes Kunstseidengarn (Lauflänge 100 m/ 50 g), Stricknadeln Nr. 3.*
Grundmuster: *Siehe Schema. Die Maschenzahl muß durch 20 teilbar sein, damit der Musterrapport aufgeht. Dazu kommt an jeder Seite 1 Randmasche.*
Maschenprobe: *27 Maschen in der Breite und 36 Reihen in der Höhe ergeben 10 cm im Quadrat.*
Anleitung: *102 Maschen anschlagen und nach dem Schema arbeiten. Dabei müssen in den Rückreihen die rechts gezeichneten Maschen links und die links gezeichneten Maschen rechts gestrickt werden. In der Breite 1 Randmasche, dann 5mal den Rapport und wieder 1 Randmasche stricken. In der Höhe wird der Rapport 7mal ausgeführt. Danach die Maschen abketten. Die Fäden sorgfältig vernähen. Das Strickteil zur Hälfte zusammenlegen. Die Seitennähte von links schließen. Den Bezug wenden, über ein Kissen ziehen und die offene Seite zunähen.*

Das Schema zeigt das Maschenbild der rechten Seite. In den Rückreihen werden die rechts gezeichneten Maschen links und die links gezeichneten Maschen rechts gestrickt.
Die ungeraden Zahlen bezeichnen die Hinreihen, die geraden Zahlen die Rückreihen. Randmaschen sind nicht eingezeichnet, sie werden immer rechts gestrickt.

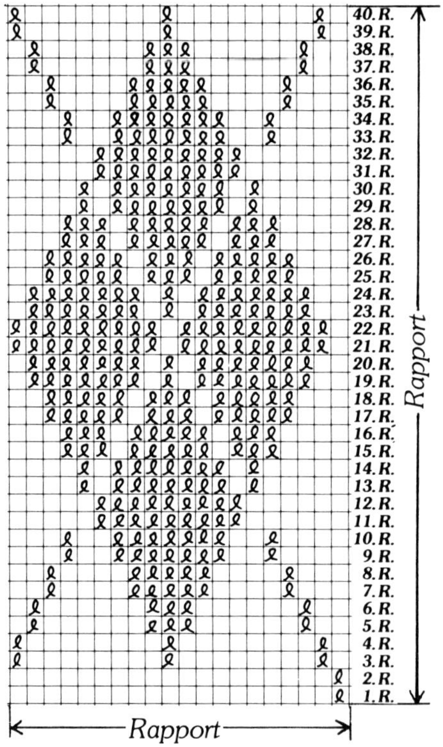

□ *rechte Masche* ℓ *linke Masche*

Gestreiftes Kissen
Material: *Je 50 g Kunstseidengarn (Lauflänge 100 m/50 g) in Petrol, Messing, Zyklam, Grün und Rot, Stricknadeln Nr. 3.*
Grundmuster: *glatt rechts (Hinreihen rechts, Rückreihen links), dabei jedoch jede 8. Reihe (das ist stets eine Rückreihe) rechts stricken.*
Farbfolge: *✱ je 8 Reihen in Petrol, Messing, Zyklam, Grün und Rot, ab ✱ noch 2mal wiederholen.*
Maschenprobe: *25 Maschen in der Breite und 32 Reihen in der Höhe ergeben 10 cm im Quadrat.*
Anleitung: *96 Maschen in Petrol anschlagen und im Grundmuster in der angegebenen Farbfolge arbeiten. Dabei stets die 1. und letzte Masche als Randmasche stricken. Bei jedem Streifen wird die letzte Reihe (Rückreihe) rechts gestrickt. In 38 cm Gesamthöhe (nach dem 15. Streifen) die Maschen abketten. Ein zweites Teil genauso stricken. Dann alle Fäden sorgfältig vernähen, die Teile rechts auf rechts legen (die Streifen müssen aufeinanderpassen) und an drei Seiten zusammennähen. Den Bezug wenden, über ein Kissen ziehen und die offene Seite zunähen.*

Zweifarbiges Kissen
Material: *Je 150 g Kunstseidengarn (Lauflänge 100 m/50 g) in Petrol und Zyklam, Stricknadeln Nr. 3.*
Grundmuster: *kraus rechts (Hinreihen rechts, Rückreihen rechts).*
Maschenprobe: *23 Maschen in der Breite und 46 Reihen in der Höhe ergeben 10 cm im Quadrat.*
Anleitung: *Der Bezug wird in 2 Teilen schräg gestrickt. Begonnen wird an einer Ecke. Dafür 3 Maschen in Petrol anschlagen und im Grundmuster arbeiten. Dabei zunächst ständig Maschen zunehmen: In jeder Hinreihe nach der 1. Masche und vor der letzten Masche einen Umschlag aufnehmen. Die Umschläge in den Rückreihen rechts verschränkt abstricken. So oft zunehmen, bis die Kanten 38 cm lang sind und damit*

(weiter Seite 122)

125 Maschen auf der Nadel liegen. Dann in Zyklam weiterstricken. Jetzt in jeder Hinreihe Maschen abnehmen: Die 1. Masche abheben, die 2. Masche stricken und die abgehobene Masche darüberziehen, die letzten 2 Maschen rechts zusammenstricken. Wenn nur noch 3 Maschen auf der Nadel sind, werden diese gemeinsam abgekettet. Das zweite Kissenteil genauso stricken. Alle Fäden sorgfältig vernähen. Die Kissenteile mit den gleichfarbigen Flächen aufeinanderlegen und an drei Seiten von links zusammennähen. Den Bezug wenden, über ein Kissen ziehen und die offene Seite zunähen.

Petrolfarbenes Kissen

Material: *200 g petrolfarbenes Seidengarn (Lauflänge 187 m/100 g), Stricknadeln Nr. 4.*

Grundmuster I: *kraus rechts (Hinreihen rechts, Rückreihen rechts).*

Grundmuster II: *glatt rechts (Hinreihen rechts, Rückreihen links).*

Maschenprobe: *16 Maschen in der Breite und 26 Reihen in der Höhe ergeben 10 cm im Quadrat.*

Anleitung: *Der Bezug wird in einem Stück gestrickt. Dafür 62 Maschen anschlagen und zunächst im Grundmuster I arbeiten. Ab 7 cm Höhe beidseitig die äußeren 12 Maschen weiter im Grundmuster I, die mittleren 38 Maschen im Grundmuster II stricken. Ab 31 cm Gesamthöhe wieder mit allen Maschen im Grundmuster I weiterarbeiten. Ab 45 cm Gesamthöhe die mittleren 38 Maschen im Grundmuster II, und beidseitig die äußeren 12 Maschen im Grundmuster I stricken. Ab 69 cm Gesamthöhe mit allen Maschen wieder im Grundmuster I weiterarbeiten. In 76 cm Gesamthöhe die Maschen abketten. Das Teil zur Hälfte zusammenlegen (linke Seite nach außen) und die beiden Seitennähte schließen. Den Bezug wenden, über ein Kissen ziehen und die offene Seite zunähen.*

Lurexkissen

Material: *Insgesamt 220 g Lurex- und Kunstseidengarnreste in vielen verschiedenen Farben, Stricknadeln Nr. 3.*

Grundmuster: *kraus rechts (Hinreihen rechts, Rückreihen rechts).*

Farbfolge: *Nach Belieben.*

Maschenprobe: *27 Maschen in der Breite und 50 Reihen in der Höhe ergeben 10 cm im Quadrat.*

Anleitung: *102 Maschen in einer beliebigen Farbe anschlagen und im Grundmuster arbeiten. Dabei Farbfolge und Streifenbreite nach dem vorhandenen Material zusammenstellen. Der Farbwechsel muß stets in einer Hinreihe vorgenommen werden, damit ein glatter Übergang entsteht. In 76 cm Gesamthöhe die Maschen abketten. Alle Fäden sorgfältig vernähen. Das Teil zur Hälfte zusammenlegen (linke Seite nach außen) und die beiden Seitennähte schließen. Den Bezug wenden, über ein Kissen ziehen und die offene Seite zunähen.*

Pullunder mit Schachbrettmuster in Größe 42

Ein klares Muster und beige-braune Alpakawolle machen diesen Pullunder besonders vielseitig tragbar. Der Pullunder besteht aus zwei geraden Teilen und hat mitgestrickte Blenden am Arm- und Halsausschnitt. Für den Sommer kann man ihn auch aus weißer Topflappenbaumwolle stricken.

Material: 450 g beige-braune Alpakawolle mittlerer Stärke (Lauflänge 125 m/50 g), Stricknadeln Nr. 3, 5 und Nr. 4.
Grundmuster: Schachbrettmuster. Damit das Muster aufgeht, muß die Maschenzahl durch 8 teilbar sein. Dazu kommt an jeder Seite 1 Randmasche.
1. Reihe: 4 Maschen rechts, 4 Maschen links im Wechsel.
2., 3. und 4. Reihe: Die Maschen stricken, wie sie erscheinen, also rechte Maschen rechts, linke Maschen links.
5. Reihe: Wie die 1. Reihe, nur das Muster um 4 Maschen versetzen, d.h. über die rechten Maschen der Vorreihe linke Maschen und über die linken Maschen der Vorreihe rechte Maschen stricken.
6., 7. und 8. Reihe: Die Maschen stricken, wie sie erscheinen.
Die 1.–8. Reihe fortlaufend wiederholen.
Maschenprobe: 20 Maschen in der Breite und 31 Reihen in der Höhe ergeben 10 cm im Quadrat.
Rückenteil: 106 Maschen mit Nadeln Nr. 3, 5 anschlagen und

(weiter Seite 126)

Vorderteil und Rückenteil

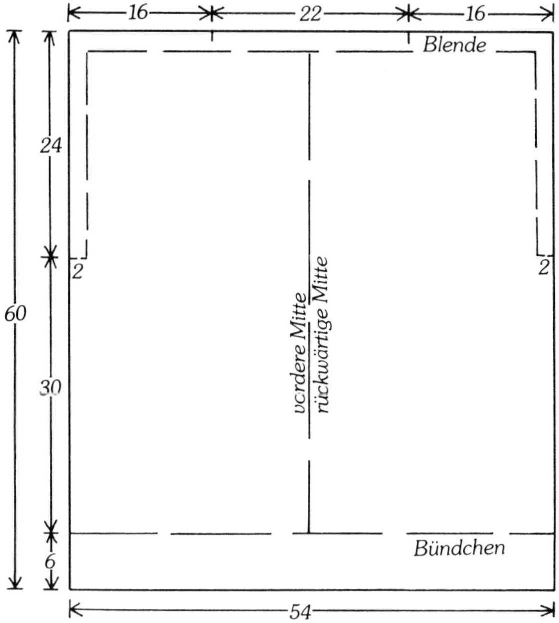

zunächst das Bündchen 6 cm im Rippenmuster (2 Maschen rechts, 2 Maschen links im Wechsel) stricken. Dann mit Nadeln Nr. 4 im Grundmuster weiter gerade hocharbeiten. Dabei stets die 1. und letzte Masche zusätzlich zum Grundmuster als Randmasche stricken. In 36 cm Gesamthöhe mit den Armblenden beginnen. Dafür in allen weiteren Reihen beidseitig die 2.–5. Masche von außen kraus rechts (Hinreihen rechts, Rückreihen rechts) stricken. Die 1. und letzte Masche weiter als Randmasche, die übrigen Maschen wie bisher im Grundmuster arbeiten. In 58 cm Gesamthöhe für die obere Blende mit allen Maschen kraus rechts weiterstricken. In 60 cm Gesamthöhe die Maschen abketten.
Das **Vorderteil** genauso stricken.
Ausarbeitung: Die Seitennähte 36 cm hoch und die Schulternähte 16 cm breit zunähen.

Männerpullover in Größe 52

Eine abwechslungsreiche Musterpalette hat auf diesem Männerpullover Platz gefunden. Wenn der zukünftige Träger die abgebildeten Farben nicht mag, können Sie auch verschiedene Braun-Beigetöne für diesen Pulli nehmen. Die plastischen Muster werden durch Anleitung und Schema genau beschrieben.

Material: Sportwolle mittlerer Stärke (Lauflänge 115 m/100 g), d. h. je 300 g in Pflaumenblau, Graublau, Weinrot und Grau, Stricknadeln Nr. 5 und Nr. 6.
Grundmuster I: Schachbrettmuster in Graublau, Maschenzahl teilbar durch 6. **1. Reihe:** rechts, **2. Reihe:** 3 Maschen rechts, 3 Maschen links im Wechsel, **3. und 4. Reihe:** Die Maschen stricken, wie sie erscheinen, rechte Maschen rechts, linke Maschen links.

5. Reihe: *3 Maschen links, 3 Maschen rechts im Wechsel.* ***6. und 7. Reihe:*** *Die Maschen stricken, wie sie erscheinen. Die 2.–7. Reihe noch 1mal wiederholen.*

Grundmuster II: *Perlmuster in Weinrot.* ***1. Reihe:*** *links,* ***2. Reihe:*** *1 Masche rechts, 1 Masche links im Wechsel.* ***3. Reihe:*** *Wie die Vorreihe, nur das Muster um 1 Masche versetzen, also über die rechten Maschen der Vorreihe linke Maschen und über die linken Maschen der Vorreihe rechte Maschen stricken. Die 3. Reihe noch 10mal wiederholen.*

Grundmuster III: *Dreiecksmuster in Grau, Maschenzahl teilbar durch 6.* ***1. Reihe:*** *rechts,* ***2. Reihe:*** ** 1 Masche links, 5 Maschen rechts, ab * stets wiederholen,* ***3. Reihe:*** ** 4 Maschen links, 2 Maschen rechts, ab * stets wiederholen,* ***4. Reihe:*** ** 3 Maschen links, 3 Maschen rechts, ab * stets wiederholen,* ***5. Reihe:*** ** 2 Maschen links, 4 Maschen rechts, ab * stets wiederholen,* ***6. Reihe:*** ** 5 Maschen links, 1 Masche rechts, ab * stets wiederholen. Die 1.–6. Reihe noch 1mal wiederholen.*

Grundmuster IV: *Schrägstreifen in Pflaumenblau, Maschenzahl teilbar durch 4.* ***1. Reihe:*** *rechts,* ***2. Reihe:*** *2 Maschen links, 2 Maschen rechts im Wechsel,* ***3. Reihe:*** ** 1 Masche rechts, 2 Maschen links, 1 Masche rechts, ab * stets wiederholen,* ***4. Reihe:*** *2 Maschen rechts, 2 Maschen links im Wechsel,* ***5. Reihe:*** ** 1 Masche links, 2 Maschen rechts, 1 Masche links, ab * stets wiederholen,* ***6. Reihe:*** *2 Maschen links, 2 Maschen rechts im Wechsel. Die 3.– 6. Reihe noch 2mal wiederholen. Die Grundmuster I–IV sind im Schema dargestellt.*

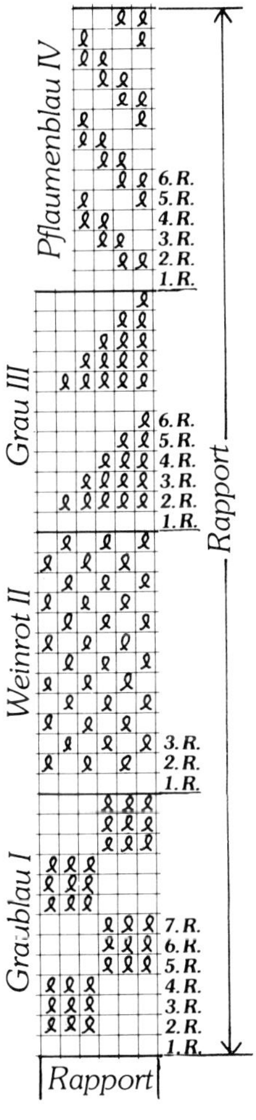

Das Schema zeigt das Maschenbild der rechten Seite. In den Rückreihen werden die rechts gezeichneten Maschen links und die links gezeichneten Maschen rechts gestrickt.
Die ungeraden Zahlen bezeichnen die Hinreihen, die geraden Zahlen die Rückreihen. Randmaschen sind nicht eingezeichnet, sie werden immer rechts gestrickt.

□ rechte Masche   ☒ linke Masche

***Maschenprobe:** 15 Maschen in der Breite und 23 Reihen in der Höhe ergeben 10 cm im Quadrat.*
***Rückenteil:** 86 Maschen mit Nadeln Nr. 5 in Pflaumenblau anschlagen und das Bündchen 6 cm im Rippenmuster (2 Maschen rechts, 2 Maschen links im Wechsel) stricken. Dann weiter mit Nadeln Nr. 6 das Grundmuster I–IV insgesamt 3mal ausführen. Die 1. und die letzte Masche werden immer als Randmasche gestrickt. Eine gute Hilfe beim Stricken ist das Musterschema: Es zeigt das Maschenbild der rechten Seite. In den Rückreihen müssen also rechts gezeichnete Maschen links und die links gezeichneten Maschen rechts*

(weiter Seite 130)

gestrickt werden. In 72 cm Gesamthöhe die Maschen abketten.
Das **Vorderteil** bis 50 cm Gesamthöhe (der Musterrapport wurde in der Höhe 2mal ausgeführt) genau wie das Rückenteil stricken. Dann die Maschenzahl für den vorderen Halsausschnitt zur Hälfte teilen: 43 Maschen auf einer Hilfsnadel oder einem Maschenraffer stillegen und mit den übrigen 43 Maschen die rechte Schulter beenden. Dabei für die Ausschnittschrägung in der 1. und noch 12mal in jeder 4. Reihe je 1 Masche abketten. Bei den Abnahmen auf den richtigen Musterverlauf achten! In 72 cm Gesamthöhe, also mit Ende des dritten Musterrapportes, die restlichen 30 Maschen abketten. Die linke Schulter gegengleich beenden.
Ärmel: 38 Maschen mit Nadeln Nr. 5 in Pflaumenblau anschlagen und das Bündchen 6 cm im Rippenmuster stricken. Dann mit Nadeln Nr. 6 das Grundmuster, wie beim Vorder- und Rückenteil beschrieben, ausführen. Dabei stets die 1. und letzte Masche als Randmasche arbeiten. Für die Ärmelweite insgesamt 16mal in jeder 6. Reihe an beiden Seiten je 1 Masche

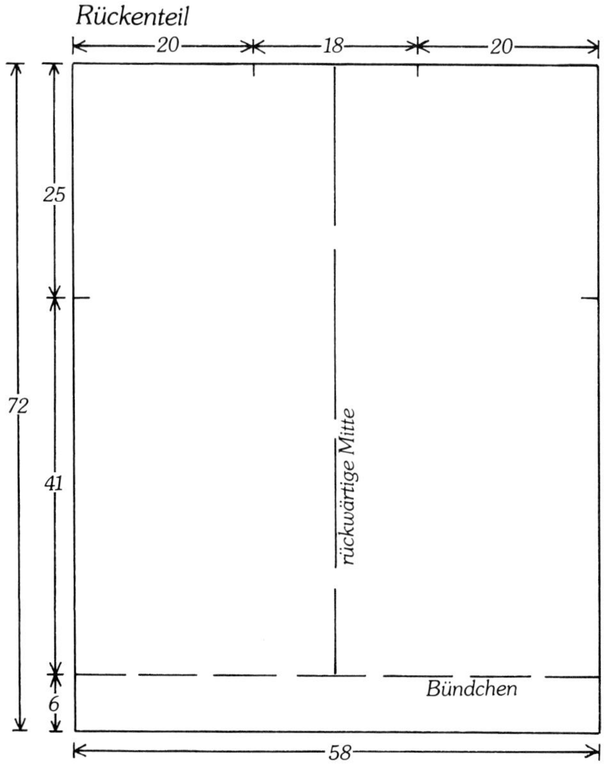

zunehmen. Bei den zugenommenen Maschen das Muster in der Breite entsprechend fortsetzen. In 50 cm Gesamthöhe die Maschen abketten. Den zweiten Ärmel genauso stricken.

Ausarbeitung: Von links die Seitennähte 47 cm hoch, die Schulternähte 20 cm breit und die Ärmelnähte schließen. Die Ärmel einnähen. Für die Blende aus dem Halsausschnitt insgesamt 92 Maschen mit Nadel Nr. 5 in Weinrot herausstricken: Es werden von der vorderen Mitte ausgehend an einer Seite des Halsausschnittes 34 Maschen, am rückwärtigen Halsausschnitt 26 Maschen und an der anderen Seite des vorderen Halsausschnittes wieder 34 Maschen herausgestrickt. Dann in Hin- und Rückreihen 2 cm im Rippenmuster arbeiten und die Maschen abketten. Die Blende in der vorderen Mitte übereinanderlegen und die schmalen Kanten unsichtbar festnähen.

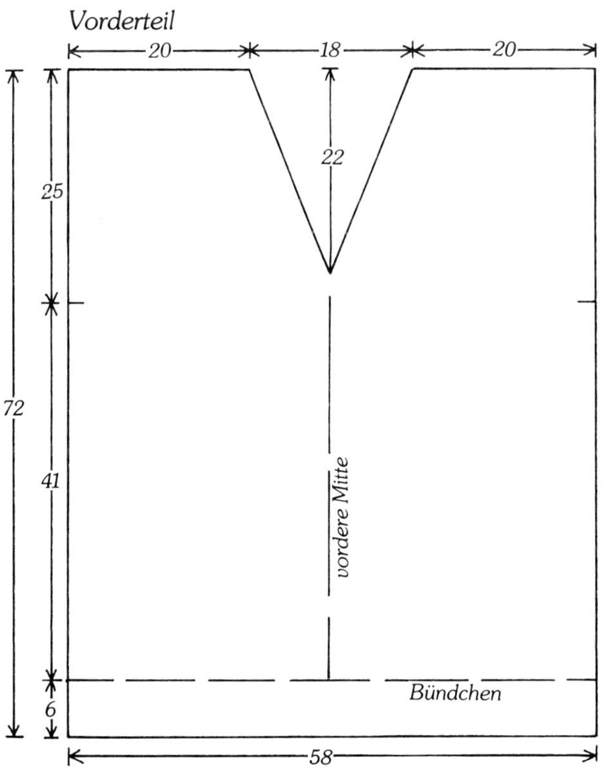

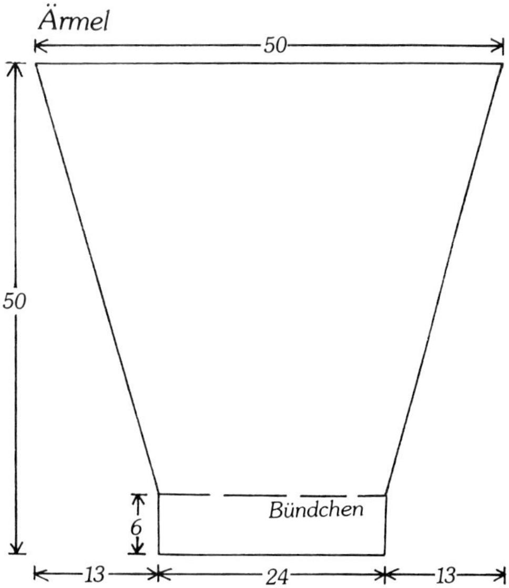

Hüttenschuhe

Warm, gemütlich und leicht zu stricken: Diese Hüttenschuhe sind schnell fertig. Sie werden auf dicken Nadeln in einem Stück kraus rechts gestrickt und später zu fußgerechter Form zusammengenäht.

Pinkfarbene Hüttenschuhe
Material: 200 g pinkfarbene Sportwolle (Lauflänge 58m/50 g), Stricknadeln Nr. 5.
Grundmuster: kraus rechts). (Hinreihen rechts, Rückreihen rechts).
Maschenprobe: 16 Maschen in der Breite und 32 Reihen in der Höhe ergeben 10 cm im Quadrat.
Der **Hüttenschuh** wird an der Ferse begonnen. Dafür 54 Maschen mit Nadeln Nr. 5 anschlagen und im Grundmuster 12 cm gerade hochstricken. Dann an jeder Seite 6 Maschen abketten und bis 25 cm Gesamthöhe (oder entsprechender Füßlänge) weiterarbeiten. Nun in einer Reihe immer 2 Maschen zusammenstricken, so daß nur noch die Hälfte der Maschen auf der Nadel ist. In 27 cm Gesamthöhe die restlichen Maschen abketten. Den zweiten Hüttenschuh genauso arbeiten.
Ausarbeitung: Jedes Strickstück der Länge nach zur Hälfte legen. Die Nähte an der Ferse und auf der Fußoberseite zusammennähen.

Geringelte Hüttenschuhe
Material: Je 50 g blaue, rote, rosa und graue Sportwolle (Lauflänge 58 m/50 g), Stricknadeln Nr. 5.
Grundmuster: kraus rechts (Hinreihen rechts, Rückreihen rechts).
Maschenprobe: 16 Maschen in der Breite und 32 Reihen in der Höhe ergeben 10 cm im Quadrat.
Farbfolge: ✱ je 4 Reihen in Blau, Rot, Grau und Rosa, ab ✱ fortlaufend wiederholen.
Der **Hüttenschuh** wird an der Ferse begonnen. Dafür 42 Maschen in Blau mit Nadel Nr. 5 anschlagen und im Grundmuster in der angegebenen Farbfolge bis 25 cm Gesamthöhe (oder entsprechender Fußlänge) gerade hocharbeiten. Nun in einer Reihe immer 2 Maschen zusammenstricken und in 27 cm Gesamthöhe die restlichen Maschen abketten. Den zweiten Hüttenschuh genauso arbeiten.
Ausarbeitung: Jedes Strickstück der Länge nach zur Hälfte legen. Die Nähte an der Ferse und auf der Fußoberseite zusammennähen.

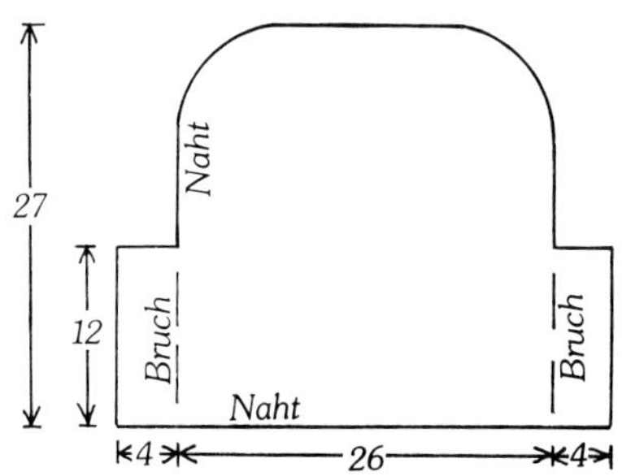

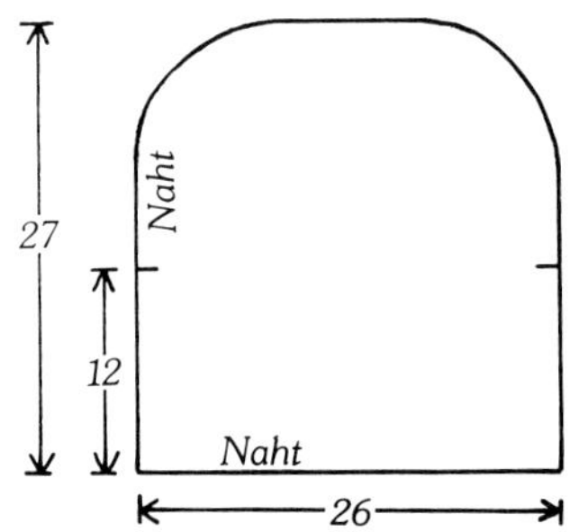

Gestreifter Pullover mit Rollkragen in Größe 34

Genau das Richtige zum Radfahren, Spazierengehen oder Skilaufen ist dieser Pullover mit Rollkragen. Er wird in vielen verschiedenen Farben glatt rechts gestrickt und besteht aus einfachen, geraden Schnitteilen. Der üppige Rollkragen im Rippenmuster kommt zum Schluß dran. Besonders geeignet für diesen Pullover ist sportliche Shetlandwolle.

Material: Shetlandwolle mittlerer Stärke (Lauflänge 141 m/50 g), d. h. 100 g in Graublau und je 50 g in Lila, Lindgrün, Senfgelb, Lachs, Rot, Rosa, Flieder und Schilfgrün.
1 kurze Rundstricknadel Nr. 3,5, Stricknadeln Nr. 4.

Grundmuster: glatt rechts (Hinreihen rechts, Rückreihen links).
Farbfolge: ✱ je 8 Reihen in Lila, Graublau, Lindgrün, Senfgelb, Lachs, Rot, Rosa, Flieder und Schilfgrün, ab ✱ stets wiederholen.
Maschenprobe: 21 Maschen in der Breite und 29 Reihen in der Höhe ergeben 10 cm im Quadrat.
Rückenteil: 96 Maschen mit der Rundstricknadel Nr. 3,5 in Schilfgrün anschlagen und in Hin- und Rückreihen das Bündchen 6 cm im Rippenmuster (2 Maschen rechts, 2 Maschen links im Wechsel)

(weiter Seite 136)

stricken. Dann mit Nadeln Nr. 4 im Grundmuster in der angegebenen Farbfolge gerade hochstricken. Dabei stets die 1. und letzte Masche als Randmasche arbeiten. In 60 cm Gesamthöhe die Maschen abketten.

Vorderteil: *Bis 53 cm Gesamthöhe wie das Rückenteil stricken. Dann für den vorderen Halsausschnitt die mittleren 16 Maschen abketten und zunächst eine Schulter beenden (die übrigen Maschen inzwischen auf einer Hilfsnadel oder einem Maschenraffer stillegen). Für den Halsausschnitt in jeder 2. Reihe 1mal 3 Maschen, 2mal 2 Maschen und 2mal 1 Masche abketten, dann gerade weiterstricken. In 60 cm Gesamthöhe, in der gleichen Musterreihe wie beim Rückenteil, die übrigen 31 Maschen abketten. Danach die stillgelegten Maschen aufnehmen und die andere Schulter gegengleich beenden.*

Ärmel: *46 Maschen mit Nadel Nr. 3,5 in Senfgelb anschlagen und in Hin- und Rückreihen das Bündchen 6 cm im Rippenmuster*

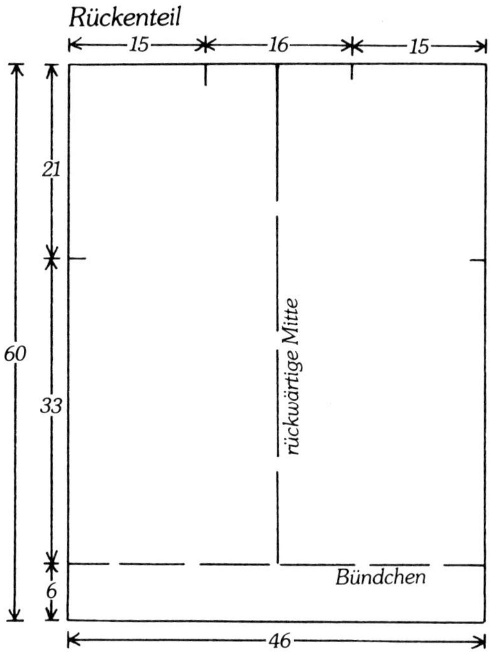

stricken. Dann mit Nadeln Nr. 4 und lachsfarbener Wolle im Grundmuster weiterarbeiten und danach in der angegebenen Farbfolge fortfahren. Gleichzeitig für die Weite insgesamt 21mal abwechselnd in jeder 4. und 6. Reihe beidseitig je 1 Masche zunehmen. In 44 cm Gesamthöhe die Maschen abketten. Den zweiten Ärmel genauso stricken.

Ausarbeitung: Die Teile von links schnittgemäß spannen und vorsichtig dämpfen (Bündchen nicht mitdämpfen!). Die Seitennähte 39 cm hoch zusammennähen, Schulter- und Ärmelnähte schließen, die Ärmel einnähen. Für den Rollkragen aus dem Halsausschnitt 116 Maschen, gleichmäßig verteilt, mit Nadel Nr. 3,5 in Graublau herausstricken und in Runden im Rippenmuster arbeiten. In 25 cm Höhe die Maschen locker abketten.

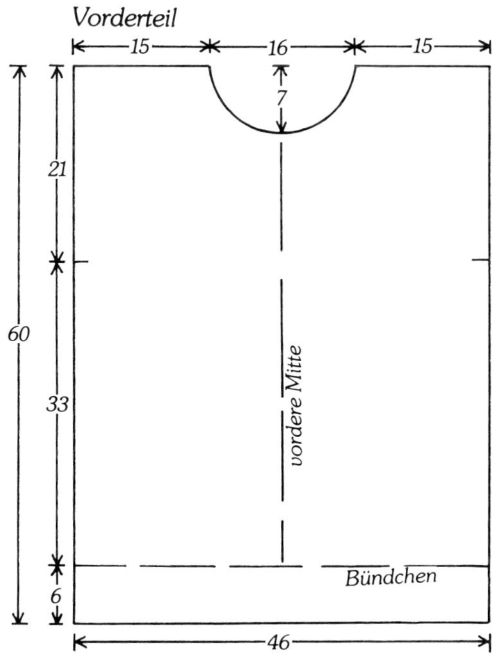

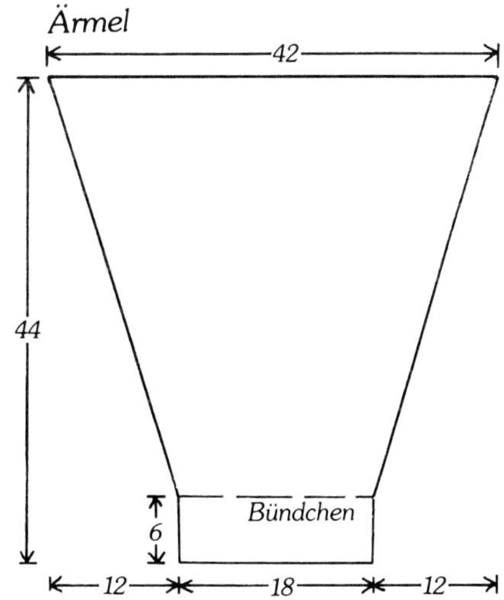

Decke aus Quadraten

An diesem Stück kann die ganze Familie mitarbeiten! Die hübsche Patchwork-Decke wird aus lauter kraus rechts gestrickten Quadraten zusammengesetzt. Sie können dafür viele Wollreste verbrauchen oder auch Ihre Maschenproben mitverarbeiten. Je nach Menge und Größe der Quadrate wird eine Kniedecke, ein Reiseplaid oder eine Tagesdecke daraus.

Material: *Insgesamt 1400 g Wollreste in vielen verschiedenen Farben und Qualitäten (Sport-, Bouclé-, Mohairwolle, Baumwoll- und Lurexgarn), Stricknadeln Nr. 6.*
Grundmuster: *kraus rechts (Hinreihen rechts, Rückreihen rechts).*
Maschenprobe: *15 Maschen in der Breite und 28 Reihen in der Höhe ergeben 10 cm im Quadrat. Dünneres Garn wird doppelt verarbeitet oder mit einer anderen Qualität (z. B. Baumwoll- und Lurexgarn) zusammen verstrickt, damit die Garnstärken einheitlich werden.*

Die ***Decke*** *auf dem Foto ist 1,40 m x 1,60 m groß und besteht aus 56 einzelnen Quadraten. Jedes Quadrat mißt 20 cm x 20 cm. Dafür jeweils 30 Maschen anschlagen und im Grundmuster 20 cm hochstricken, die Maschen abketten. Für das Zusammennähen der Decke zunächst alle Teile so aneinanderlegen, daß die Rippen des Musters abwechselnd waagerecht und senkrecht verlaufen. Die einzelnen Teile mit dicker Wolle zusammennähen, wie auf Seite 76 beschrieben. Die Decke kann (je nach vorhandenem Material) auch aus weniger oder mehr Quadraten bestehen. Ihre Maße verändern sich dann entsprechend.*

Pulloverkleid in Größe 40

Nicht viel länger als ein Pullover ist dieses schicke, kurze Kleid. Es wird locker aus Boucléwolle gestrickt und kann auch als Riesenpulli über Jeans getragen werden. Am Ausschnitt ist seitlich ein senkrechter Schlitz eingearbeitet, der von einer kraus rechts gestrickten Blende eingerahmt wird.

Material: *550 g lilafarbene Boucléwolle (Lauflänge 89 m/50 g), Stricknadeln Nr. 6.*
Grundmuster: *glatt rechts (Hinreihen rechts, Rückreihen links).*
Maschenprobe: *13,5 Maschen in der Breite und 21 Reihen in der Höhe ergeben 10 cm im Quadrat.*

Rückenteil: *76 Maschen anschlagen und zunächst die Blende 2 cm kraus rechts stricken (Hinreihen rechts, Rückreihen rechts). Dann im Grundmuster weiter gerade hocharbeiten. Dabei stets die 1. und letzte Masche als Randmasche stricken. In 65 cm Gesamthöhe für die Armausschnitte beidseitig je 5 Maschen abketten, danach gerade weiterstricken. Ab 85 cm Gesamthöhe für die Halsblende die mittleren*

(weiter Seite 142)

22 Maschen kraus rechts (Hinreihen rechts, Rückreihen rechts) arbeiten. In 87 cm Gesamthöhe die Maschen abketten.

Vorderteil: *76 Maschen anschlagen und bis 67 cm Gesamthöhe genau wie das Rückenteil stricken. Dann für den vorderen Schlitz 44 Maschen auf einer Hilfsnadel oder einem Maschenraffer stillegen. Mit den übrigen 22 Maschen die linke Schulter beenden. Dabei am Schlitz für den Untertritt (unterer Teil der Schlitzleiste) 6 Maschen dazu anschlagen und für die Blende die äußeren 4 Maschen kraus rechts arbeiten. In 87 cm Gesamthöhe die Maschen abketten. Nun die rechte Schulter beenden. Hier für die Blende ebenfalls die äußeren 4 Maschen kraus rechts arbeiten. Ab 85 cm Gesamthöhe für die Halsblende diese 4 Maschen und die anschließenden*

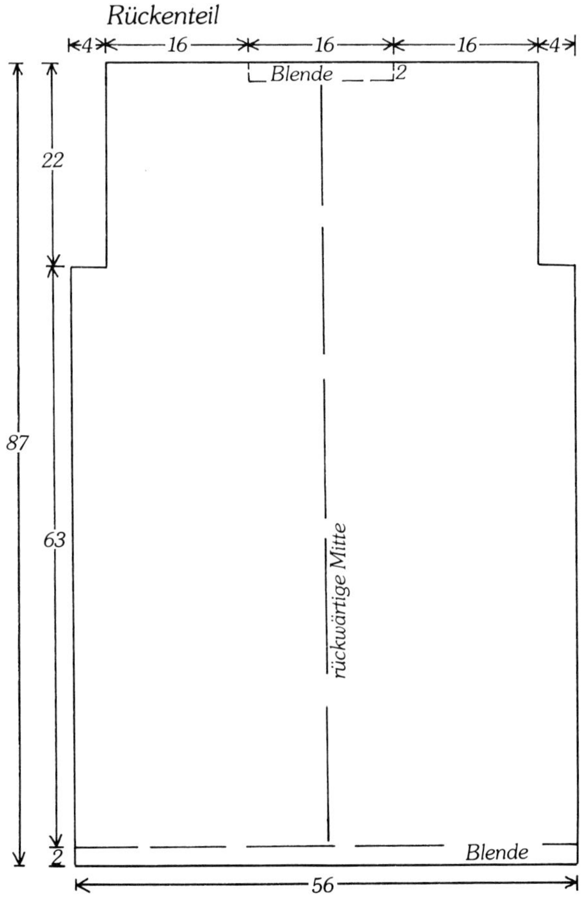

18 Maschen kraus rechts stricken. In 87 cm Gesamthöhe alle 44 Maschen abketten.

Ärmel: *48 Maschen anschlagen und die Blende 2 cm kraus rechts stricken. Dann im Grundmuster weiterarbeiten. Dabei für die Ärmelweite 6mal in jeder 6. Reihe beidseitig je 1 Masche zunehmen. In 26 cm Gesamthöhe die Maschen abketten. Den zweiten Ärmel genauso stricken.*

Ausarbeitung: *Mit farblich passendem Baumwollnähgarn die Schulternähte, Seiten- und Ärmelnähte schließen, die Ärmel einnähen. Die untere schmale Kante des Untertritts von links unsichtbar festnähen.*

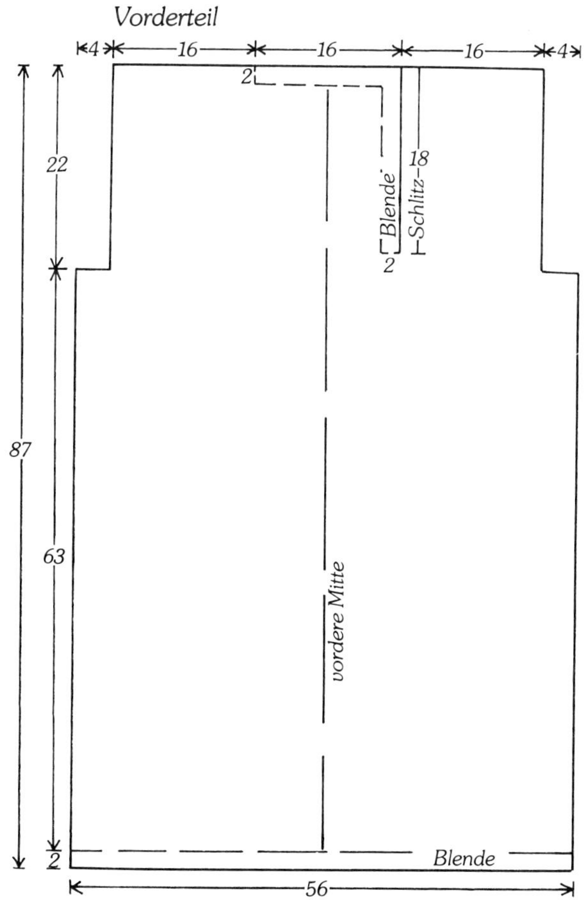

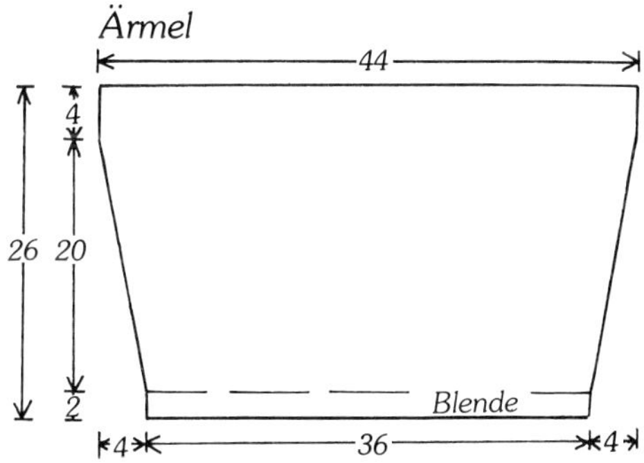

Geringeltes Baumwoll-Oberteil in Größe 38

Für Urlaub, Strand und Sonnentage ein luftiges, kleines Oberteil, das Sie im Handumdrehen fertig haben. Es wird glatt rechts aus feinem Baumwollgarn auf der Rundnadel gestrickt. Die Träger sind mit einer Strickliesl angefertigt, können aber auch gehäkelt werden.

Material: Dünnes Baumwoll-Bouclégarn (Lauflänge 165 m/50 g), d. h. je 50 g in Lila, Flieder, Weiß, Rot und Türkis, 1 kurze Rundstricknadel Nr. 3 sowie 1 Strickliesl oder Häkelnadel.
Grundmuster: glatt rechts (hier in Runden nur rechts).
Farbfolge: * je 2 Runden in Flieder, Weiß, Rot, Türkis und Lila, ab * stets wiederholen.
Maschenprobe: 25 Maschen in der Breite und 40 Reihen in der Höhe ergeben 10 cm im Quadrat.
Rücken- und Vorderteil werden in einem Stück in Runden gestrickt. Dafür 190 Maschen in Lila anschlagen und zur Runde schließen (Seite 75). Dabei darauf achten, daß sich die Anschlagreihe nicht verdreht! Die untere Blende 2 cm kraus rechts (1 Runde rechts, 1 Runde links im Wechsel) stricken. Dann im Grundmuster in der angegebenen Farbfolge weiter gerade hocharbeiten. In 36 cm Gesamthöhe die obere Blende in Lila kraus rechts (1 Runde rechts, 1 Runde links im Wechsel) weiterarbeiten. In 38 cm Gesamthöhe die Maschen abketten.
Ausarbeitung: Mit der Strickliesl zwei ca. 52 cm lange Träger in Lila anfertigen oder eine Luftmaschenkette als Träger häkeln und vorn und hinten an der oberen Blende (siehe Markierung im Schnittschema) festnähen.

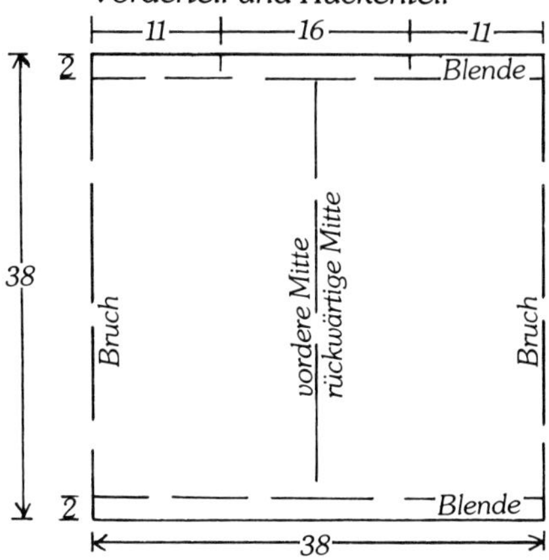

Lurex-Oberteil in Größe 38

Einfarbig elegant: ein Oberteil aus kupferfarbenem Lurexgarn, das nach dem gleichen Schnitt wie das geringelte Hemd von der vorigen Seite gestrickt wird. Sie können das Lurex-Oberteil zu festlichen Röcken und Hosen tragen oder es unter einer Jacke hervorblitzen lassen – ein Schmuckstück ist es in jedem Fall!

Material: 100 g kupferfarbenes Lurexgarn (Lauflänge 110 m/20 g), 1 kurze Rundstricknadel Nr. 3, 1 Strickliesl oder Häkelnadel.
Grundmuster: glatt rechts (hier in Runden nur rechts).
Maschenprobe: 27 Maschen in der Breite und 42 Reihen in der Höhe ergeben 10 cm im Quadrat.

Rücken- und Vorderteil werden in einem Stück in Runden gestrickt. Dafür 204 Maschen anschlagen und zur Runde schließen (Seite 75). Dabei darauf achten, daß sich die Anschlagreihe nicht verdreht! Die untere Blende 2 cm kraus rechts (1 Runde rechts, 1 Runde links im Wechsel) stricken. Dann im Grundmuster weiter gerade hocharbeiten. In 36 cm Gesamthöhe die obere Blende kraus rechts weiterstricken. In 38 cm Gesamthöhe die Maschen abketten.
Ausarbeitung: Mit der Strickliesl zwei ca. 52 cm lange Träger anfertigen oder eine Luftmaschenkette als Träger häkeln und an der oberen Blende (siehe Markierung im Schnittschema) festnähen.

Vorderteil und Rückenteil

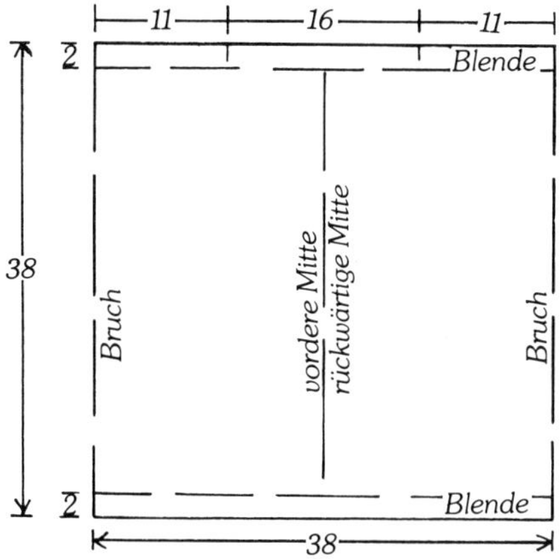

Quergestrickte Jacke in Größe 42

Ein Meisterwerk für Anfänger: eine große, lange Strickjacke, die leicht zu machen ist.
Das plastische Flechtmuster und die Streifen in vier harmonischen Farben betonen die Strickrichtung dieser Jacke: Sie wird von einem Ärmel zum anderen gestrickt und kann offen oder mit einem Gürtel getragen werden.

Material: Insgesamt 700 g dünne Wolle (Lauflänge 150 m/50 g), d.h. 250 g in Türkis und je 150 g in Rosa, Flieder und Oliv, 1 lange Rundstricknadel Nr. 4.
Grundmuster: Flechtmuster; die Maschenzahl muß durch 6 teilbar sein, damit der Musterrapport aufgeht. Dazu kommt an jeder Seite 1 Randmasche.
1. Reihe: rechts. **2. Reihe:** links.
3. Reihe: 1 Randmasche * 1 Masche rechts, 4 Maschen links, 1 Masche rechts, ab * fortlaufend wiederholen, 1 Randmasche.
4.–6. Reihe: 1 Randmasche, die Maschen stricken, wie sie erscheinen, rechte Maschen rechts, linke Maschen links, 1 Randmasche.
7. Reihe: rechts. **8. Reihe:** links.
9. Reihe: 1 Randmasche * 2 Maschen links, 2 Maschen rechts, 2 Maschen links, ab * fortlaufend wiederholen, 1 Randmasche.
10.–12. Reihe: 1 Randmasche, die Maschen stricken, wie sie erscheinen, 1 Randmasche. Die 1.–12. Reihe fortlaufend wiederholen.

Farbfolge: * 18 Reihen in Türkis, 6 Reihen in Oliv, 6 Reihen in Flieder, 12 Reihen in Rosa, 6 Reihen in Oliv und 6 Reihen in Flieder, ab * fortlaufend wiederholen.
Maschenprobe: 24 Maschen in der Breite und 35 Reihen in der Höhe ergeben 10 cm im Quadrat.

Das Schema zeigt das Maschenbild der rechten Seite. In den Rückreihen werden die rechts gezeichneten Maschen links und die links gezeichneten Maschen rechts gestrickt.
Die ungeraden Zahlen bezeichnen die Hinreihen, die geraden Zahlen die Rückreihen. Randmaschen sind nicht eingezeichnet, sie werden immer rechts gestrickt.

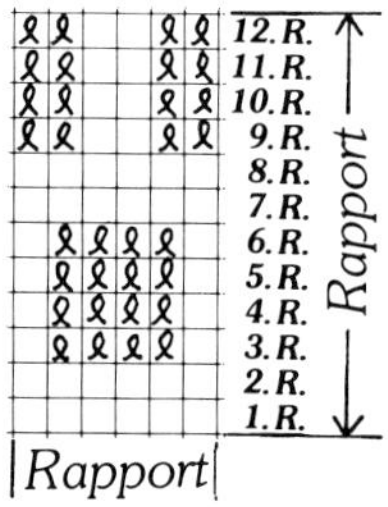

□ rechte Masche   ☒ linke Masche

(weiter Seite 150)

Vorderteil und Rückenteil mit Ärmel

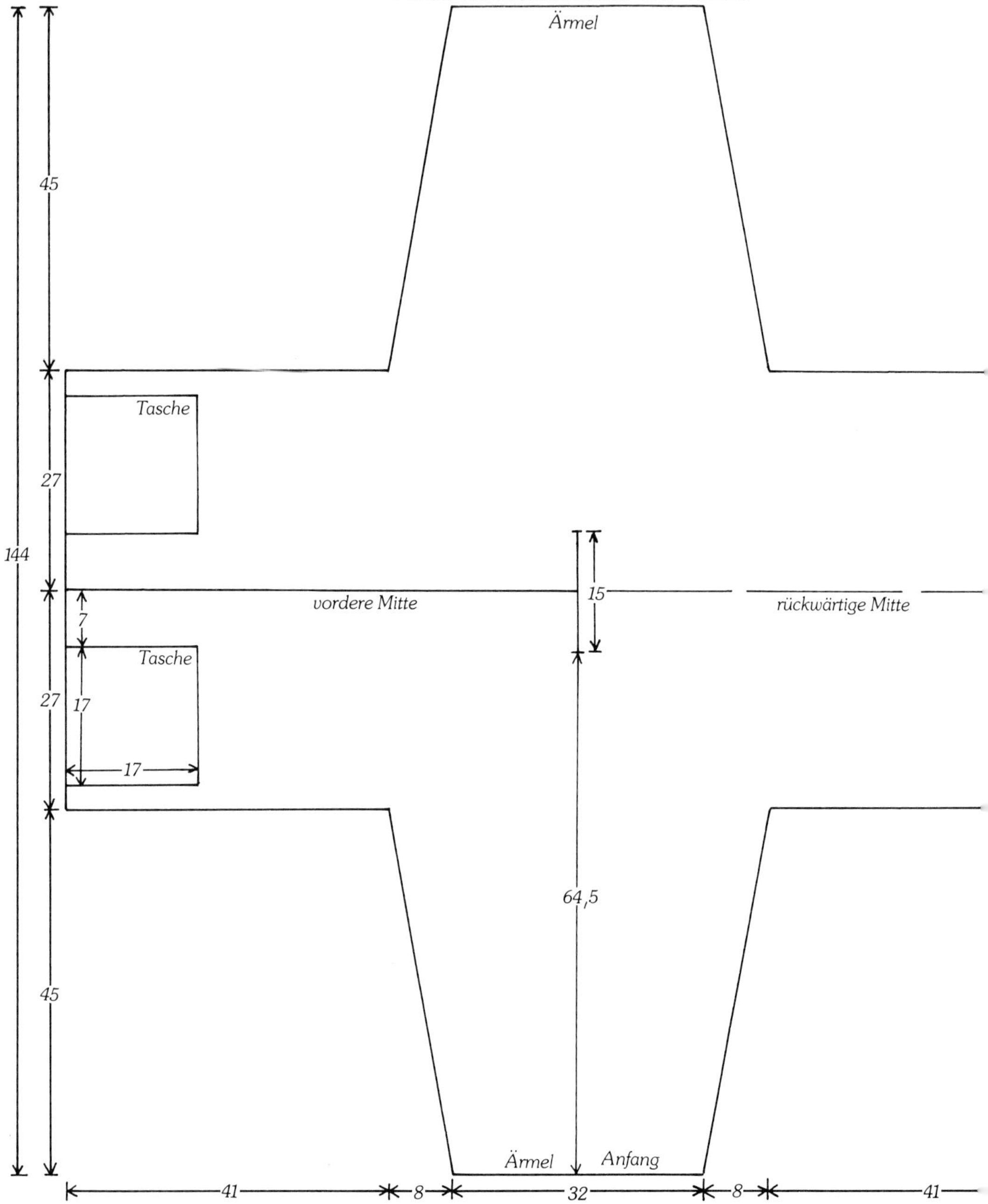

*Die **Jacke** wird in einem Stück quer gestrickt und an einem Ärmel begonnen. Man arbeitet mit einer Rundstricknadel, weil normale Stricknadeln für die benötigte Gesamtmaschenzahl zu kurz wären. Dafür 80 Maschen in Türkis anschlagen und in Hin- und Rückreihen im Grundmuster in der angegebenen Farbfolge arbeiten. Für die Weite insgesamt 19mal in jeder 8. Reihe beidseitig je 1 Masche zunehmen. Das Muster bei den zugenommenen Maschen entsprechend fortsetzen.*

*In 45 cm Gesamthöhe für **Rücken- und Vorderteil** an jeder Seite 101 Maschen dazu anschlagen und wie gewohnt weiterarbeiten. Es sind jetzt 320 Maschen auf der Nadel. In 64,5 cm Gesamthöhe die Maschenzahl für den Halsausschnitt zur Hälfte teilen. 160 Maschen für das Vorderteil auf einer Hilfsnadel stilllegen, mit den übrigen 160 Maschen das Rückenteil gerade weiterstricken. Dabei am Halsausschnitt noch 1 Masche als Randmasche dazu anschlagen. In 72 cm Gesamthöhe ist die rückwärtige Mitte erreicht, jetzt noch 7,5 cm bis zum Ende des Halsausschnittes stricken und diese Maschen stillegen. Am Halsausschnitt des Vorderteils 1 Randmasche dazu anschlagen, mit diesen Maschen des Vorderteils bis 72 cm Gesamthöhe weiterstricken und diese Maschen abketten. Nun für die andere Vorderteilhälfte 160 Maschen und zusätzlich 1 Randmasche neu anschlagen und 7,5 cm bis zum Ende des Halsausschnittes stricken. Die beiden Randmaschen am Vorder- und Rückenteil des Halsausschnittes wieder abketten. Und alle Maschen gemeinsam in Arbeit nehmen, dabei darauf achten, daß mit der gleichen Musterreihe weitergestrickt wird. Die Jacke gegengleich beenden, d.h. alle Zunahmen werden jetzt zu Abnahmen. Dabei Muster und Farbfolge weiter wie bisher ausführen. In 144 cm Gesamthöhe die Maschen abketten.*

***Ausarbeitung:** Die Ärmel- und Seitennähte von links zusammennähen. Für eine Tasche 42 Maschen anschlagen und in Hin- und Rückreihen im Grundmuster stricken, dabei darauf achten, daß die Tasche im Muster und Farbstreifen genau auf die Vorderteilhälfte paßt. In 17 cm Gesamthöhe die Maschen abketten. Die zweite Tasche genauso stricken und die Taschen an den im Schnitt eingezeichneten Stellen auf die Jacke nähen.*

Pullover aus Quadraten in Größe 38

Ein richtiges Patchwork-Prachtstück ist dieser Mohairpullover. Er wird aus gestrickten Quadraten und Rechtecken mit sichtbaren, dekorativen Stichen zusammengenäht. Für diesen Pulli können Sie auch Wollreste verarbeiten.

Material: Insgesamt 350 g Mohairwolle (Lauflänge 160 m/50 g), d. h. 100 g in Braun und je 50 g in Beige, Rot, Senfgelb, Rost und Kamel, 1 Rundstricknadel Nr. 4 und Stricknadeln Nr. 5.
Grundmuster: glatt rechts (Hinreihen rechts, Rückreihen links).
Maschenprobe: 16 Maschen in der Breite und 24 Reihen in der Höhe ergeben 10 cm im Quadrat.
Das **Rückenteil** besteht aus 9 einzelnen Quadraten in unterschiedlichen Farben, die später zusammengenäht werden. Jedes Quadrat ist 17 cm x 17 cm groß. Es werden je 2 Quadrate in Rot, Kamel und Senfgelb und je 1 Quadrat in Rost, Braun und Beige gestrickt. Dafür jeweils 27 Maschen mit Nadel Nr. 5 anschlagen. Dabei stets die 1. und letzte Masche als Randmasche arbeiten. Im Grundmuster 40 Reihen stricken und die Maschen abketten.
Für das **Vorderteil** ebenfalls 9 Quadrate in den gleichen Farben stricken. Die **Ärmel** werden in 2 Teilen quer gestrickt. Für das untere Ärmelteil 27 Maschen in kamelfarbener Wolle mit Nadeln Nr. 5 anschlagen, im Grundmuster

(weiter Seite 154)

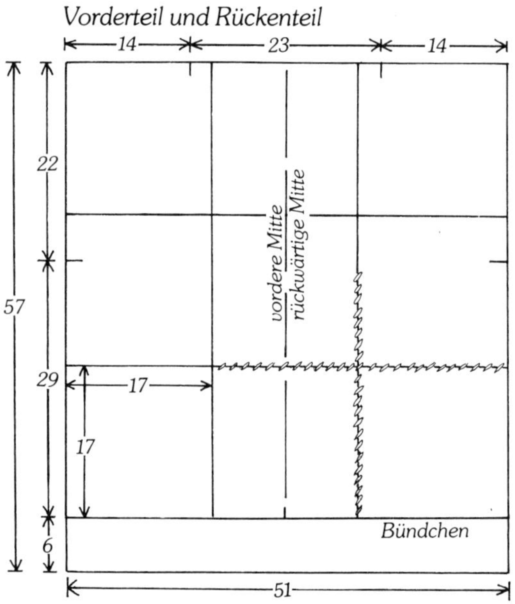

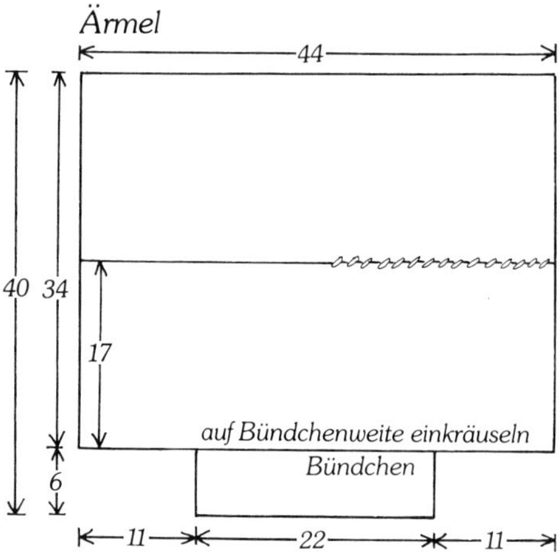

44 cm gerade hocharbeiten, die Maschen abketten. Das zweite obere Ärmelteil mit den gleichen Maßen in rostfarbener Wolle stricken. Für den zweiten Ärmel zwei Teile wie oben beschrieben in Braun und Rot stricken.
Ausarbeitung: Die einzelnen Quadrate für das Vorder- und Rückenteil in beliebiger farblicher Zusammenstellung nebeneinanderlegen, 3 Teile in der Breite und 3 Teile in der Höhe (siehe Schnittschema). Die Quadrate mit doppeltem braunen Faden von rechts mit gleichmäßigen überwendlichen Stichen (Seite 76) zusammennähen. Die beiden Streifen je Ärmel ebenfalls mit überwendlichen Stichen zusammennähen. Für die Bündchen aus den unteren Kanten der Ärmel je 48 Maschen mit der Rundstricknadel Nr. 4 in Braun herausstricken und in Hin- und Rückreihen 6 cm im Rippenmuster (2 Maschen rechts, 2 Maschen links im Wechsel) arbeiten und die Maschen abketten. Die Schulternähte 14 cm breit, die Seitennähte 29 cm hoch und die Ärmelnähte von rechts mit überwendlichen Stichen schließen. Die Ärmel mit den gleichen Stichen einnähen und den Halsausschnitt mit brauner Wolle umstechen. Für das Pullover-Bündchen aus der unteren Kante 160 Maschen in Braun mit der Rundnadel Nr. 4 herausstricken und in Runden 6 cm im Rippenmuster arbeiten. Die Maschen abketten.

Mütze und Handschuhe

So kommen Sie warm durch Herbst und Winter: Mütze und Fausthandschuhe sind aus glatter Wolle links gestrickt. Je nach Kälte kann man den Rand der Mütze rauf- oder runterrollen. Mütze und Handschuhe werden in einem Stück gearbeitet und erst später in Form genäht.

Material: Je 50 g Wolle (Lauflänge 125 m/50 g) in Rot, Altrosa und Aubergine, Reste in gleicher Qualität in Petrol und Senf, Stricknadeln Nr. 4.
Grundmuster: links (Hinreihen links, Rückreihen rechts).
Maschenprobe: 20 Maschen in der Breite und 25 Reihen in der Höhe ergeben 10 cm im Quadrat.
Anleitung für die Mütze: Es wird ein 28 cm breiter und 52 cm langer Streifen gestrickt, den man später zusammennäht. Dafür 56 Maschen in Rot anschlagen und im Grundmuster 16 cm stricken. Anschließend je 2 Reihen in Senf und Petrol, 16 cm in Altrosa, dann je 2 Reihen in Rot und Petrol, 16 cm in Aubergine und je 2 Reihen in Senf und Petrol arbeiten und die Maschen abketten. Den Streifen zum Ring zusammennähen. An einer Kante einen doppelten Wollfaden durchziehen, die Weite fest zusammenschieben und den Faden vernähen. Den unteren Rand der Mütze nach außen aufrollen.
Anleitung für die Handschuhe: Sie werden als offenes Stück

(weiter Seite 156)

gestrickt und später an der Außenkante zusammengenäht. Für den ***linken Handschuh*** *40 Maschen in Petrol anschlagen. Zunächst das Bündchen im Rippenmuster (2 Maschen rechts, 2 Maschen links im Wechsel) stricken, und zwar je 3 Reihen in Petrol, Senf, Rot und Aubergine. Dann in Altrosa im Grundmuster weiterarbeiten. Dabei stets die 1. und letzte Masche als Randmasche stricken. In 11 cm Gesamthöhe für das Daumenloch in einer Hinreihe 12 Maschen stricken, 8 Maschen auf einer Sicherheitsnadel stillegen und die restlichen 20 Maschen wieder stricken. Über den stillgelegten Maschen 8 neue Maschen anschlagen und wie bisher weiterarbeiten. In 21 cm Gesamthöhe in einer Rückreihe immer 2 Maschen rechts zusammenstricken. In der nächsten Rückreihe nochmals je 2 Maschen rechts zusammenstricken, dann die restlichen Maschen abketten. Für den Daumen mit roter Wolle die stillgelegten Maschen wieder auf die Nadel nehmen, 8 Maschen in Richtung Handrücken dazu anschlagen und 5,5 cm im Grundmuster stricken. Dann in einer Rückreihe immer 2 Maschen rechts zusammenstricken und in der nächsten Reihe die restlichen Maschen abketten.*

Den ***rechten Handschuh*** *gegengleich stricken, das heißt, für das Daumenloch in einer Hinreihe die 21.–28. Masche stillegen. Bei diesem Handschuh den Daumen in Petrol arbeiten. Die Handschuh- und Daumenteile zur Hälfte legen und an der äußeren Kante von links knappkantig zusammennähen. Das innere Daumenloch zunähen.*

Gebräuchliche Abkürzungen bei Strickanleitungen

abh.	= abheben
abn.	= abnehmen
anschl.	= anschlagen
fortl.	= fortlaufend
insges.	= insgesamt
li. M.	= linke Masche
M.	= Masche
Randm.	= Randmasche
Rapport	= eine bestimmte Musterstrecke in Länge und Breite, die beliebig oft wiederholt werden kann.
*	= Wiederholungszeichen (d. h. das Muster zwischen zwei * wird fortlaufend wiederholt)
R.	= Reihe
re. M.	= rechte Masche
re. verschr.	= rechts verschränkt stricken
Rd.	= Runde
str.	= stricken
überz.	= überziehen
Umschl.	= Umschlag
wiederh.	= wiederholen
zun.	= zunehmen
zus. str.	= zusammen stricken

Register

Zählrahmen für Maschenprobe

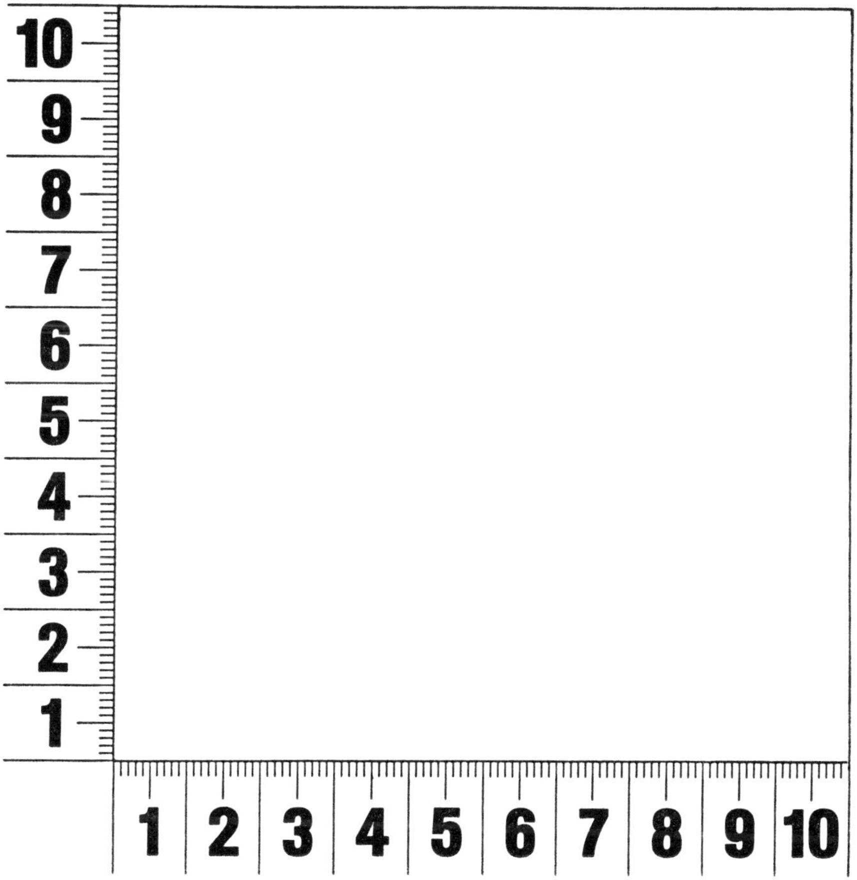

Kleben Sie das Papier auf feste Pappe, und schneiden Sie das Quadrat an der inneren Linie mit einem Messer heraus.